智·慧·爱
Sapientiae et Cordi

了 解 和 爱 ， 终 将 成 就 一 切 ！

笼中男孩
Silent Boy

[美]桃莉·海顿(Torey Hayden)著

陈咨羽 文雅茜 译

图书在版编目（CIP）数据

笼中男孩 ／（美）海顿著；陈咨羽，文雅茜译. --北京：华夏出版社，2016.6
（桃莉老师疗愈成长之旅）
书名原文：Silent Boy
ISBN 978-7-5080-8821-1

Ⅰ.①笼… Ⅱ.①海… ②陈… ③文… Ⅲ.①问题儿童－儿童教育 Ⅳ.①G765

中国版本图书馆CIP数据核字(2016)第104688号

MURPHY'S BOY
by Torey L.Hayden
Copyright © 1983 by Torey Hayden
Simplified Chinese translation copyright © 2016
by Huaxia Publishing House
Published by arrangement with Curtis Brown Ltd.
through Bardon-Chinese Media Agency
ALL RIGHTS RESERVED

版权所有，翻印必究
北京市版权局著作权合同登记号：图字 01-2015-4781 号

笼中男孩

著　　者	[美]桃莉·海顿	
译　　者	陈咨羽　文雅茜	
责任编辑	朱　悦　陈志姣	
特约编辑	杨　越	
责任印制	刘　洋	
出版发行	华夏出版社	
经　　销	新华书店	
印　　装	三河市少明印务有限公司	
版　　次	2016年6月北京第1版	2016年7月北京第1次印刷
开　　本	880×1230　1/32	
印　　张	7.75	
字　　数	180千字	
定　　价	35.00元	

华夏出版社　　地址：北京市东直门外香河园北里4号　　邮编：100028
　　　　　　　　网址：www.hxph.com.cn　　　　　　　　电话：(010)64677853
若发现本版图书有印装质量问题，请与我社营销中心联系调换。

推荐序

学习倾听孩子的声音

21世纪，随着互联网的飞速发展，世界愈加扁平，各种资讯以及教育理念以前所未有的强度冲击着我们。育儿的话题在当今的中国变得越来越引人关注，也越来越重要。第一代的独生子女如今已经为人父母。在仍然以传授知识、考试测评为教育主线的中国，孩子的压力越来越大，反抗也越来越大。家长们一方面渴望孩子快乐成长，另一方面又难以抗拒整个社会的潮流，站在孩子的身后，举着考试的大旗打压着孩子们。

前日参加一个活动，有一个讨论是关于"如何做高效能父母"的话题。家长们七嘴八舌，提出了一大堆的建议。我却在想，也许，我们都需要安静下来，学习倾听孩子的声音。

桃莉·海顿，被美国教育界盛誉为"爱的奇迹天使"，她的这套"桃莉老师疗愈成长之旅"都是从孩子的角度展开的，让我们这些糊涂的自以为是的大人有机会听到孩子们的声音，帮助我们贴近孩子那颗敏感的心，了解他们的需要和被爱的方式。

我非常感谢自己在芬兰的育儿经历，因为是个"外来母亲"，什么都不懂，所以必须倾听（即使如此，也常常做不到很好的倾听）。

在某种程度上，女儿教会了我很多。记得女儿12岁左右的时候，喜欢上了一个西方的摇滚歌星。这个歌星的所有造型，都让我有一种心惊肉跳的感觉。我非常担心女儿的"喜欢"，试图了解她为什么会以这样一个"不正派"的歌星为偶像。女儿却说，他在台上的打扮和表演只是一种渲泄，是他情绪或生命中的一个部分。她还批评我（和很多中国家长）以貌取人。可是，我依然不明白，这个摇滚歌星渲泄的哪一部分引起了一个12岁孩子的共鸣，当时非常担心（现在我越来越理解一个孩子成长过程中的困扰）。此后，我们也偶尔会为这件事展开讨论，直到她15岁的某一天，我们又谈起这个歌星，她跟我说了不久前发生的一件事：有一个青少年持枪伤人，而他恰是这个歌星的粉丝。这件事引起各方媒体的关注，甚至有一种声音质疑歌星的音乐对青少年的负面引导。有人采访这个歌星，问："如果你有机会对这个孩子说几句话，你会说什么？"他静默片刻，回答道："我什么也不会说，我会倾听。"女儿说："妈妈，你不觉得他是一个很有智慧的人吗？"

是的，倾听的力量超出你的想象！在这个充斥着各种声音和各种理念的噪杂世界里，"倾听"也许是我们需要学习的一个重要技能。

无论你是家长还是老师，如果你心里有爱，并愿意用对的方式支持到你所爱的孩子，不妨打开这套书，在桃莉·海顿的帮助下，走进孩子的内心世界，开始学会倾听。看看你是否能够听到他渴望长大的声音，听到他内心的无助和他的需求，他的自豪和喜悦，体会到他在生命初期学习生存技能的那份努力和不易。

如果我们能够带着深深的爱，细心地倾听，全然地信任，耐心地陪伴，也许，生命就会展现给你一个奇迹！

芬兰富尔曼儿童技能教养法中国推广第一人：李红燕

目 录

第 1 章　笼中男孩 _ 001

第 2 章　第一次尝试 _ 004

第 3 章　爆发 _ 012

第 4 章　选择对象性讲话 _ 021

第 5 章　对抗恐惧 _ 031

第 6 章　燕麦粥的故事 _ 040

第 7 章　凯洛 _ 047

第 8 章　秘密 _ 057

第 9 章　三角关系 _ 073

第 10 章　重获自由 _ 087

第 11 章　再生变故 _ 097

第 12 章 一切重来 _ 104

第 13 章 布莱恩的外套 _ 119

第 14 章 游泳 _ 133

第 15 章 杰夫的离开 _ 149

第 16 章 过去的最后一片拼图 _ 158

第 17 章 仇恨 _ 172

第 18 章 重逢 _ 182

第 19 章 故地重游 _ 203

第 20 章 再见，布莱恩 _ 220

第 1 章

笼中男孩

> 我读着读着,时间一分一秒地流逝。偶尔我会听到外面那扇门开开关关的声音,职员们一个个地离开了,但那个"笼中男孩"还是没有半点反应,依然自顾自地摇着他的身体。

这个男孩被称作"笼中男孩",他总是躲在桌子下面,而桌子的四个桌脚刚好围成他的笼子。他有一个习惯性的动作就是用双手护住头,身体前后不停地摇晃,不管人们怎么诱导,他只是一个劲儿地摇着他的身体,躲在桌子下面就是不出来。

我们在另一个房间里,透过单面可视镜看着那个孩子。"他多大?"我问身边的助理。

"十五岁。"她答道。

这样的年纪已经不再是个小孩子了。"他在这里多久了?"我问。

"四年。从来没有开口说过话。"

"从来没有说过话?"我讶异地说。

"没错,连吭都没吭过一声!"

我又看了他一会儿,便拿起我的置物盒走进那个房间。那位助理在原先的房间看我平安无事,便转身离开观察室。现在,房间中就只剩下那个"笼中男孩"和我。

我小心翼翼地放下手中的盒子,在那儿站了一会儿,想看看他发现陌生人进入他的房间时会有什么反应。但他却什么反应都没有。我进一步靠近他,在他旁边的地板上坐了下来,两人间的距离约一臂之遥。他还是自顾自地摇着身体。

我开始和他聊天,天南地北地聊着,绞尽脑汁地聊。但是,他就是没有回应,仍然机械般摇着身体。最后,苦思无策之下,我搬出置物盒并从里面拿出一本书,开始读了起来。书中讲的是两个青少年男女之间的神秘故事。我希望这个方法可以缓和我们之间僵持的气氛。

我读着读着,时间一分一秒地流逝。偶尔我会听到外面那扇门开开关关的声音,职员们一个个地离开了,但那个"笼中男孩"还是没有半点反应,依然自顾自地摇着他的身体。

我继续读着,一边读一边数着吱呀吱呀的开门关门声,有意无意地计算着离去的人数。等我回过神来看着那个孩子,已经静止不动的他,此时缓缓放下双手想把我看得更清楚一些。他的脸上泛起一抹淡淡的微笑。霎时间我突然意识到他一点也不笨，因为他也在计算着离开的人数。

他无言地向我做了一个手势。

"什么？"我问他，因为我实在不知道他想要说什么。

他又用力地比了比那个手势，但是我还是不明白他的意思。于是我拉过一把椅子坐在他的身边，这样不但可以把他看得更清楚，也更便于和他沟通。

在我的要求下，他又重新比画了一次。他那急速旋转画圈的动作极为优美，宛如流畅的手部芭蕾舞。问题是，我还是看不懂他到底想要说些什么。桌子底下的他沮丧地叹了口气，对我做了一个鬼脸之后，他很有耐心地又重新比画了一次，有如对牛弹琴一般，这次他把速度放得很慢，不过当发现我还是一头雾水时，他的脸上马上浮现出仿佛遭遇了挫折一般的表情。灰心之余，我们只能沉默地互瞪着对方。为了化解这种沉默僵持的气氛，我问他想不想继续听故事，男孩点了点头。

我靠着墙壁坐下来，打开书本，翻到"第五章：走出洞外"那一页。

男孩轻轻推开身旁的桌子，伸手拉了拉我的衣服。我抬头一看，发现他一手拉着下颚，一手指着喉咙的深处，然后颓丧地摇头。

第 2 章

第一次尝试

> 我一次又一次地鼓励他,他一次又一次地深呼吸准备再出发,然后一次又一次地为发不出声而感到沮丧。他弓起身子俯视着那本书,全身不停地颤抖着,脸上的汗珠已经流到了上唇处,一双手也无法控制地发抖,腋窝处更是湿了一大片。

自从担任临床研究心理学家一年多以来,大多数时候我都在学校任教,从小学一年级的孩子到研究生的学生都教过。我热爱教书的想法至今没变。然而在从事心理学教育数年之后,我开始觉得我在自己的专业领域里面竟然像初学者,对很多事物都感到陌生。从那时候开始我便决心往特殊教育方面进行钻研。我并不确定为什么,只觉得其他方面对我都没有更大的吸引力。总之,我很高兴自己做了正确的选择,因为这一年多来,我的确深深爱上了特殊教育。在我工作的这个诊所中,不但许多心理学领域中的专家使我受益良多，而且这里的制度、薪水和福利都很好。我对这份工作感到非常满意，也过得很快乐。

但是，这个"笼中男孩"出现了。

说实话，当时盖尔儿童收容中心的社工人员黛安打电话到诊所来找我时，我并不太想接这个项目。

"我们有一个男孩要交给你。"她说，声音中清楚透露出一股绝望的气息。

他的名字叫作凯文·李斯特，只不过大家都习惯叫他"笼中男孩"。因为他老喜欢躲在桌子底下，用椅子把自己围起来，然后在那里吃东西、做功课、看电视，还无时无刻不摇着自己的身体。他住在他为自己建构的笼子中——他是个受困于笼中的孩子。

不过，因为他不开口说话，他的问题要比表面看到的这些复杂多了。他从不发出声音，甚至连他哭泣的时候也听不到他的哭声。根据他的档案显示，他曾经讲过话，不过那已经是很久以前的事了。根据盖尔收容中心的资料显示，凯文在学校时不曾开口讲过话。他曾经因为不开口和老师说话而被留校，更重要的问题是没有人知道他是不是真的会说话。让人还抱有一丝希望的是，至少记录上提到他以前在家中会讲话，只是渐渐地他变得越来越沉默。最早是不和他的继父说话，然后是他的母亲，也许当时他还会和他的妹妹讲讲话。但是在他九岁第一次接受治疗时，工作人员注意到他已经完全不开口说话了，所以没有人知道他是从什么时候开始不说话的。

除了不说话外，凯文还有另一个严重的问题，就是他的恐惧症。他几乎对什么东西都怕得要命，比如高速公路、狗、黑暗等等，他都非常害怕。此外，他也因为怕水而不愿洗澡。三年来，他不肯跨出收容中心一步，他一直住在自己构建的笼子里。

社工人员在电话中告诉我这些事情的时候，我的内心非常抗拒。她似乎怕我挂掉电话，所以一口气把所有的话都说完了。

盖尔是一所新开设的先进机构，不但设备齐全而且专业阵容十分整齐，包括常驻中心的心理医生、语言治疗学家、医生和护士。有了这么强大的阵容，我真的不明白他们为什么还需要我？我又能做些什么？我对那位社工人员提出心中的疑问。

她说他们曾经读过我在特殊心理工作方面的相关报道，所以才想到要找我来试试看。因为他们现在已经无计可施了，一直以来他们想尽办法来帮助凯文，但是完全不见效果。更大的问题是，现在是八月，到了下个月凯文就要满十六岁了，而盖尔收容中心规定儿童满十五岁就必须离开。他们让凯文破例住到现在，已是极限，不能再延期了。一旦离开收容中心，凯文的监护权就属于州政府。因此，如果不趁这段时期解决他的问题，只怕到时候……她没有说下去。

翻开凯文那本薄薄的档案记录，我不禁为之心酸——功课一团糟、家中经济困难、身体受虐、父母亲婚姻破裂、与继父不和……最令人感到不能容忍的部分，是他的母亲竟然把这个孩子的监护权交给了州政府。一个孩子如果连自己的母亲都不要他，那么我们还能期待他怎么样呢？过去七年来，凯文已经辗转待过无数机构，但是却已经有八年不曾开口说过话。

投入特殊心理学研究以来，我已经开发出一套治疗拒语症的有效方法。我事先假设孩子原本是会讲话的，所以我要给他们机会讲话。虽然这个方法以前治好了不少这类型的孩子，不过我没有把握对喜欢躲在桌子底下的凯文也会奏效。凯文的听力很正常，这是过去几家收容所的检验结果。不过大家都觉得他的智商有问题。机构中的工作人员曾经努力教他，但他老是学不会。他是不是真的智商有问题，我不能确定，毕竟他受过的教育实在是太少了，用智力测验的方法来评断他的智商是不准确的。我感到非常困扰，因为我真的不知道该用什么方法来帮助他。

通过第一天在治疗室的相处，我更确定先前的假设。除了他那些怪异的行为外，他其实不是对一切事情都一无所知的。他对那个环境非常了解，就连单面镜后面那个房间有多少人进出，他都可以算得一清二楚。不论机构为他测的智商有多低，这种行为绝对不是一个低智商的男孩能做到的。而且当所有的人都离开以后，他就会停止摇晃的动作，然后开始对我有所回应。

我还知道他的另一个秘密——他识字，他能够阅读。事实上，从凯文在盖尔收容中心的作业来看，他的阅读能力相当好。这样的阅读能力绝对不是机构中的孩子或是低智商的孩子所能达到的程度，他的文字能力至少是七年级以上的程度。掌握了这些信息之后，我决定接下这个案子。我假设他原本就会说话，然后试着让他讲话。我们的第一天是在镜子前面的那间治疗室开始的，我要他大声把书中的内容念出来。

由于我们使用的房间有其他用途，所以第二天他们安排了另一个房间给我使用。我欣然接受了这个安排。我实在不喜欢那间装有单向镜子的房间，这样一来凯文和我就不用再担心隔墙有耳了。这个房间十分狭窄，里面有一张桌子、两把椅子和一个空无一物的书架，四面墙壁则是一片空白，连一张海报也没有。我比凯文先抵达那个房间。过了一会儿，一位助理把凯文推进来，然后问我多久可以结束，我说三十分钟，他点了点头，转身锁上门后便径自离去。他的这个举动令我吃惊，我没有想到他们会把我们锁在里面。深呼吸几下，调整好自己的情绪之后，我转身面向凯文。

凯文害怕地站在那儿发呆，眼神慌乱地四处打量着这个房间。我们之间只隔着一张桌子，从他的眼神中，我可以看出他在衡量我对他造成的危险性有多高，知己知彼，他才能安全地过我这一关。这是我第一次看到完整的他。虽然他还是个孩子，不过却已经有了成人的身高。他高瘦而羸弱的身材，简直就像是寒冬中的玉米秆，棕色的头发直垂在额头上，一脸的青春痘明显可见，厚厚的镜片后面藏着一双灰蒙蒙又毫无生气的眼睛，他的样子看起来根本不像是一个真人，倒像是漫画中的卡通人物。天呀，他真的很丑。

凯文往前跨了几步，然后拔腿从我身边冲过去，笔直地钻进桌子底下，随手抓过一把椅子紧紧挡住桌子。我一语不发地站在那儿，一面看着他给自己筑囚笼，一面盘算着该怎么调教他。一阵犹豫之后，我也爬到桌子底下。凯文带着淡淡的笑容欢迎我的加入，他挪了挪身体为我腾出空位，不过由于桌底的空间实在有限，我们只能驼着背挤在这有点昏暗的空间里。

在这样只有数寸之遥的距离下，我可以清楚闻到他身上散发出的那股熏人的臭味。凯文用手臂紧抱着双腿，下巴顶着膝盖，开始轻轻摇晃身体，同时双眼无语地瞪着我看。好了，接下来该怎么办呢？此刻我不禁有些悲观起来。我探身到桌外，把我的置物盒也拉到桌子底下，打开盒子找寻先前我们念的那本书，一边找着，一边和凯文说话，借此打破那种沉闷的气氛。

为了让他放松心情，我把以前教导拒语症孩子的故事说给他听，我希望他能够明白这种事情其实没有什么好怕的。我以缓慢且轻松的语气说着这些故事，让他能够深刻地感受到我的放松与我在这方面的自信及成功，我希望能够让他对我产生信心。找到书之后，我打开书本，一面装出非常有兴趣地看着里面的图片，一面继续自信地讲着故事。接着我把书本摊在地毯上，告诉他："我想请你读给我听，昨天我读到第六章，所以你可以从'第七章：退潮了'开始读起。"

听到我这样说，他马上警觉地看着我。然后他抓着我的手猛摇头，眼中充满恐惧。

"我知道，你不习惯做这种事情。可是，没有关系的，念不好我也不会怪你或是对你怎么样，开始总是最困难的，这个我明白。来，试试看。"虽然我的语气非常轻松，但是凯文还是害怕地把头转到一边去。

翻过几页之后，我指着第一个字说："我们就从这个字开始好吗？其他的字我们不要去管它，只要看这个字就好了。这个字怎么读呢？"

他的身体摇得更厉害了，连桌子都跟着震动起来。

"这里，看着它。就是这个字，试试看。"

凯文注视着那一页好一会儿后，举起一只手在额头上一阵乱擦，然后用手捂着他的脸，把脸拉得长长的。他缓缓地伸出一根手指指着那个字。

时间一秒一秒地过去。

"那是什么字？看着它。是什么字？"

凯文深深地吸了一口气，迅速把手缩了回去，然后又开始摇晃身体。我听到他吞咽口水的声音中伴随着恐惧。

"只要一个字就行，就是那个字。怎么念？加油，凯文，念一次就可以了。"

在我的鼓励下，凯文愿意尝试。他弯下腰用手压着书页，好似书本会突然跳起来打他似的。他深深地吸了一口气，嘴巴一张一合活像条金鱼，但随即就像漏了气的皮球一样失去了勇气。

"放轻松点，我们再试一次。"我鼓励他道。

他张开嘴巴，但还是没有声音，甚至连吐气的声音也听不到。时间一分一秒地过去，终于他又再度闭上了嘴巴。

我一次又一次地鼓励他，他一次又一次地深呼吸准备再出发，然后一次又一次地为发不出声而感到沮丧。他弓起身子俯视着那本书，全身不停地颤抖着，脸上的汗珠已经流到了上唇处，一双手也无法控制地发抖，腋窝处更是湿了一大片。我看着他努力地将嘴巴一张一合，但就是吐不出一点声音。只见他颈部肌肉紧绷僵硬，太阳穴处青筋毕露，一张脸直红到了脖子。终于我听到凯文发出声音了，不过那是他的牙齿发出的咔嗒咔嗒的声音。我转头看着他，脸上不自觉地漾起一丝微笑。凯文带着一股决心又弯下腰去看着书本。他开始相信我了，我相信他一定可以把那个字念出来。

时间不停地流逝，我从桌底探出头来看了一眼墙上的时钟，才发觉已经过了二十三分钟了，助理再过几分钟就会回来。凯文的情绪一直陷在这个努力挣扎却没有效果的状态中。现在，三十分钟早已过去，可我们还是没有任何结果。我可以看到凯文脸上那种深切失望的表情。我知道他非常在乎，但是只有在乎是不够的。

"好了，今天就到此为止，好吗？"我伸手把书本收了起来。"这一次没有成功也没有什么大不了的，这是很平常的事情，我们明天再来吧。"

听到我这样说，他抬头望着我，泪水在眼眶中打转，然后簌簌地沿着双颊流了下来。

第 3 章

爆 发

这时我可以感觉到我指尖下面他的肌肉正不停地抖动着，这种颤抖的频率越来越强烈。接着凯文爆发了，就像是火山爆发一样，"砰！"的一声，他猛地跳了起来，连桌子都被他的肩膀给撞翻了。他在房间里有如发狂一般到处乱冲乱跳，还不知痛地猛撞墙。

开车回家的路上，我不停地在想，其实凯文真的非常努力，在我带过的孩子中，很少有像他这样一开始就那么投入的。他非常喜欢这个课程，因为现在有我陪他一起来面对问题了。不过我并不会天真到就此认为他的问题可以得到解决。我不解的是，他的问题到底出在哪里？为什么他会表现得这么急着想要说话？如果他以前会说话，那为什么后来又拒绝说话了呢？这根本就没有道理呀！他的问题到底出在哪里？有没有可能是因为恐惧导致他无法说话，或者是因为无法说话而导致他的恐惧？或者是两者的相互恶性循环所造成的呢？有没有可能凯文永远都无法正常说话呢？有没有可能是意外或是身体机能因素，导致他无法说话呢？我是不是在勉强他做一件他无法做到的事情呢？有没有可能他是患了某种心智疾病（比如精神分裂症）才无法开口说话的呢？

现在，盖尔收容中心的柜台人员几乎都认识我，而且总是在背后戏称我是"笼中男孩"的心理治疗师。我们这一次的努力并没有比上一次更成功，跟以前唯一不同的是凯文的泪水越来越多。眼泪从眼眶滚到脸颊，然后再从脸颊滴到书本上，害得他频频用手指擦掉书页上的泪滴。虽然如此，凯文还是不灰心，还是一试再试，甚至到了连我都想放弃的时候，他还是丝毫没有要放弃的意思。问题是，他的声音，他的嘴巴，还有他的心，就是没有办法配合一致。然而，他就是不放弃。

深受这种炼狱煎熬的不止凯文一个人，我也深深地陷入这个痛苦的情绪里不能自拔。看着他全身不停地颤抖、头不停地摇晃、牙齿不停地打战，却得不到丝毫的结果，我感到全身肌肉僵硬，头痛欲裂，整个心都痛苦地拧在一起。

终于，我用手合上了书本，因为我们的课程时间又要结束了。

"我们明天再试。我们一定会成功的，凯文。别担心。"我知道这话安慰不了他，因为他那双直盯着我双眼的眼神是那么的充满不确定。

"现在，我要问你一个问题——你会说话吗？"

他的眼睛霎时无力地垂下，看了看地毯、书本，再看看自己的双手，好一会儿都是沉默无语的气氛。然后，他向我比了个手势，可是我看不懂。他又对我比了一次，还对我做鬼脸，但是我还是不懂。他沮丧地把地板打得啪啪作响，然后又是一阵沉默。

"你能吗？你能够说话吗，凯文？"

他的脸上突然泛起兴奋的表情，抬头望着我，然后用力地点了点头。

"你能说话？你的意思是说你能够说话？那你为什么不说话？"我心急地追问着。

听到我这样说，他的眼泪又开始簌簌地掉了下来。我真的很想伸手去抱抱他安慰安慰他，但是我没有那样做，因为我觉得此时那样的行为还不合适。凯文越哭越厉害，哭得连肩膀都不停地抽动着，可是我还是听不到哪怕一丝丝的哭声。

除了我的介入之外，另一个对凯文的情况有比较深入了解的人就是盖尔收容中心的社工黛安。黛安工作非常努力，总是尽其所能无怨无悔地付出，对中心孩子的情况更是了如指掌。也正是因为她的大力争取，凯文才能够延期留在收容中心。她想尽办法要帮助凯文开口说话，但是她的工作实在是太多了，因此不能对凯文有多少实质性的协助。当我第三天早上走进收容中心的门口时，看到黛安兴高采烈地迎面走了过来。

"你猜我昨天晚上看到了什么？"她兴奋地说。

我摇了摇头。

"我看到凯文对着镜子不停地张着嘴巴努力练习讲话。那是个好兆头，对不对？那是个好兆头。我是说他终于想要开口说话了，对不对？也许你真的可以帮助他开口说话，是不是？"她的声音充满兴奋与激动。

"是的，我想那是一个好兆头。"

"我就知道我找对人了，我就知道你可以帮他的。"

我一手端着咖啡一手提着我的置物箱，朝着治疗室走去，同时脑海中还不停地想着凯文对着镜子练习说话的事情。

凯文于九点三十分在一位助理的陪同下来到治疗室。在确定助理离去之后，他一如往常地又以迅雷不及掩耳的速度冲进他的避风港——桌底。我拉开了一把椅子也跟着他钻了进去，凯文的动作很迅速，他马上又把椅子拉回去紧紧地靠着桌子。我从置物盒中拿出一本里面有许多歌词的书，凯文似乎对这本书不感兴趣，他伸手到置物盒中摸出前一天读的那本故事书，然后翻开到昨天练习的那一页上。

"我想这次我们要做些不一样的练习。"我说。

他注视着我好一会儿，我根本猜不到他的脑中在想些什么。他眯起眼睛，手中拿着那本书不放。

"难道你不想试试这些吗？这些很好玩的。你看，这里面还有圣诞节的歌曲呢！"这句话一说完，我突然觉得自己给自己一记当头棒喝，因为此时我才想到在他的世界中或许根本不知道圣诞歌曲是什么。"你要不要我读一段给你听呢？"我的声音连自己听起来都觉得有些悲凉。

凯文摇了摇头，径自把手中的书本摊开在地毯上，然后提起一只手把双唇掰开，做出准备发音的姿势。我听到那个熟悉的呼吸声，那是他在准备发音时特有的呼吸声。接着他又进入那场可怕的战争中，只见他身体不停地发抖，两排牙齿咔嗒咔嗒地响，汗流浃背，嘴唇努力做出那个音的口形。他把脖子拉得老长，上下来回摩擦着喉咙，期望能够把声音给逼出来，但这一切都徒劳无功。

"我想到一个妙计。"我说，"你过来，从桌底出来，我需要大一点的空间。"

我从桌子底下爬出来并站了起来，我递了把椅子给他："到这儿来。"

凯文只爬到桌沿下面，身体并没有完全出来。既然他不愿出来，我也不必勉强他。坐下来之后，我说："你知道我们需要什么吗？我们需要练习。我觉得你太紧张了，所以才会全身的肌肉都绷得那么紧，你必须放松自己，这样你的喉咙才能够发出声音来。现在，把你的嘴巴张开，张得越大越好。"

他微微地张开嘴巴。

"再大一点！就像这样。"我张大嘴巴示范给他看。"现在你就照着我的方式做，我会把手放在你的喉咙上，感受你肌肉的活动。放松，放松，凯文，我不会伤害你。"

"放松，凯文，你太紧张了。相信我，我不会害你，放松。现在，把你的手放在我的喉咙上。感觉到我的肌肉了吗？是不是很放松呢？好，现在摸摸你自己的喉咙。感觉到有什么不一样吗？我要你的喉咙像我的一样放松。"凯文照着我的指示，一会儿摸摸他的喉咙，一会儿摸摸我的喉咙，一会儿又摸摸他的喉咙，来回感受两者之间的不同。然后深呼吸，屏住呼吸，缓缓吐气。

"很好，现在你的嘴巴就张成那个样子，然后开始非常慢非常慢地吐气，像这个样子。"我示范给他看。我将屏住的气缓缓往外推，发出了"哈哈哈哈"的声音。凯文一只手压在我的喉咙上，另一只手压在自己的喉咙上，跟着我发音，但却发不出声音来。

"很好，这次再用力一点，摸摸看喉咙肌肉有没有放松的感觉，尽量使用你的横隔膜。好，现在再试一次。"

这次真的有声音出来了，只是他过于全神贯注在那些发音的动作上，专心到额头上都挤出了一堆皱纹，竟然没有注意到自己已经发出声音来。

我引导着他一次比一次更用力地发"哈"这个音。"好，现在再用力一些，同时摸摸你的肚子，看看你的横隔膜是不是有向上推，像这样'哈'。"

"哈！"凯文努力地发音。然而，就在发音发到一半的时候他突然停下来——他抓到发音的诀窍了。霎时凯文满脸通红、眼睛凸出，非常迅速地缩回到他的桌底笼中，又再度把自己抱成一团，身体前后不停地摇晃起来。

我跟着滑进桌子底下,拍拍他的肩,微笑着对他说:"你刚刚做得实在太棒了,你知道吗?你真的做得太好了,我们再来试一次吧。"

这时我可以感觉到我指尖下面他的肌肉正不停地抖动着,这种颤抖的频率越来越强烈。接着凯文爆发了,就像是火山爆发一样,"砰!"的一声,他猛地跳了起来,连桌子都被他的肩膀给撞翻了。他在房间里有如发狂一般到处乱冲乱跳,还不知痛地猛撞墙。

看到这一幕我也吓坏了,连忙也跟着跳了起来。他已经是个相当大的孩子了,所以他的这番惊天动地的疯狂举动的确非常吓人,直到那一刻我才明白自己对凯文的了解实在太有限了。他有可能像动物一般抓狂,对于他的问题,我也只能够凭着猜测来行事,因为我们的世界是如此不同,我们彼此能够沟通的事情,实在是少之又少。

这时,房间的门突然开了,一位助理走了进来,在看到我们这一幕时,口中念念有词,不知在说些什么,然后他走出去。几分钟之后来了四位彪形大汉和一位护士,四个大汉联合把凯文制服在地上后,护士随后便在他身上打了一针镇静剂。然后他们不顾凯文的极力挣扎,把他送到一间铺有软垫的囚室关了起来。我目瞪口呆地看着这整个过程,除了掉眼泪之外,我真的不知道该做什么反应。我完全没有想到我和凯文之间竟然会失控到这种程度。在我的感觉里,事情应该没有这么严重,他并没有伤害到我,而且他的行为也还不至于到要打镇静剂或是囚禁的地步。

我走进囚室，站在那里看了他好一会儿，然后转身去找黛安。

一看到我走进她的办公室，黛安就带着一脸苦笑注视着我。"我已经听说了。"她说，"不过别担心，他有时是会那样的。"

"是吗？"先前并没有人告诉过我这件事。

"没有人知道其中的原因。那些情况看起来也不像是单纯地发脾气。他有时就是会那个样子，我们只要给他打一针，然后把他隔离一段时间，他就会没事了。这种情况不会维持很久，而且隔很长一段时间他才会再发作。"

"原来如此。"我说道。其实说真的，我一点也不明白其中的原因。

喝完第二杯咖啡后，我回到囚房，看到几位助理在整理桌子，其中一位助理跟我说："是他的杰作。"他的这句话足以解释眼前这混乱的一切。

"我可以进去看看他吗？"我问他们。

得到同意后，我走进囚室，看到凯文俯卧在地板上。我就站在那儿，脑中一片空白，只是无意识地注视着他，什么也没做。他的身体是那么的孱弱，皮肤也显得相当蜡黄。他小时候显然曾受过极为严重的虐待，从背部以下到双腿的地方，到处都是电线绑出来的痕迹以及烟头烫出来的伤痕。

其实我并不爱这个孩子，甚至连喜欢都谈不上，我不知道要怎么对待青少年。儿童和青少年不一样，儿童的身上有一种天真，他们相信大人，认为大人可以改善他们恶劣的状况，单凭这一点就会让我的工作轻松许多。但是凯文已经不再是儿童了，他也不再像儿童那样认为大人可以改变一切，所以我真的没有办法做太多的事情，毕竟我们两人都只是普通人。

凯文扭动了一下身体，抬头望着我。沉默的气氛在我们之间弥漫开来。然后，他漠然地把头转开。

"你是不是觉得我在欺骗你？"我问道，"如果你真的这样想，我很抱歉。如果你认为是我设计害你被关在这里的话，我真的非常抱歉，我绝对不是有意的，我并不知道事情会变成这个样子。看起来就好似我抓住了你的弱点然后陷害你，但是那绝对不是真的，我是真心想要帮你的，我只是想让你不要觉得那么害怕罢了。"

凯文抬起头来看着我。

"我很抱歉。"我说。

凯文转过身坐了起来，眼睛直直地看着依旧站在门边的我。此时的他似乎异常放松，脸上的恐惧也已经消失了。但是依旧双手抱着膝盖，也许那个姿势就是他的镇静剂吧。

"我得走了，"我说，"我得回我工作的诊所了。明天我会再来的。"我转身打开门，回头对他说："再见了。"

我走了之后，凯文也来到门边。要对着他关上那道门，是一件让人很不忍的事情。我看到他的脸紧贴着房门的玻璃，眼睛盯着我的身影不愿离开。

第  章

选择对象性讲话

> 我看着他,不禁觉得他已经把全身的力气都用光了,一丝都没留。就在那一刻,我深深地感受到与他之间的那种强大的友谊。其实他的成功和我没有任何关系,但是我却很高兴他能让我分享这一切。我的脸上泛起了一抹淡淡的微笑,但是我自己并没有察觉。

第二天早晨,我抵达教室时,凯文已经在桌底下等我了。我听到一阵"哈""哈"的声音,那是凯文发出来的气音,还谈不上是真正的声音,听起来有点像引擎快要寿终正寝了。

我弯下腰推开一把椅子,发现凯文正用他那双黑黑的忧郁的眼睛望着我,那种眼神好像在说我是个不速之客。我请他让我也钻到桌子底下,加入他的阵营。他挪出空位给我后,便又径自练起他的发声。

"哈——"

"哈——，哈——"

"哈——哈——哈——哈——"

凯文的进取心非常强，就算我不在场，他也会不停地练习，我相信他的决心非常坚定。不过一直重复练习"哈——"的动作并不是件好事，因为他会过于投入而不知道停止，于是我要他加入摆动的动作，有时当他摆到头昏脑涨时，他就会强迫自己停下来休息。

恐惧就像某种肉眼看不见的怪物，潜伏在我们身边。在恐惧的压力下，他时常会练到全身发抖，汗流不止。

"哈——"他的气音越来越接近真正的声音了。

他不停重复地练着那个声音，到后来他甚至会发了一声之后，便眯起眼睛仔细评估那个声音的好坏。我真的很怀疑，他是不是已经完全不记得自己的声音是什么样的了，还是根本已经忘记开口讲话的感觉了？

一个深呼吸。

"哈——"他终于突破了气音，他发出的声音第一次变成了真正的声音！他因惊愕而太过出神，将头撞到了桌子上，顿时所有的肌肉再一次紧绷起来，不过这些都阻止不了他想要发声的愿望。"哈——"他真的在发声了，"嘿——嘿——哦——哦——哈——"他听出了其中的不同了，这表示他真的在发声了，不再是发出什么都分别不出来的气音。他又继续试了好一会儿，然后叹了一口气，随即精疲力竭地将头垂在膝盖上。

我看着他，不禁觉得他已经把全身的力气都用光了，一丝都没留。就在那一刻，我深深地感受到与他之间的那种强大的友谊。其实他的成功和我没有任何关系，但是我却很高兴他能让我分享这一切。我的脸上泛起了一抹淡淡的微笑，但是我自己并没有察觉。

"这种事情很费劲，对不对？"我说，"你一定累坏了。"

"哦——"他说，我可以清楚听到他重复发那个声音。"哦，哦，我……"他说道，"我……我不……哦……我以为我做不到的……"他的声音出现了分岔的现象，于是他清了清喉咙，然后说："我以为我再也做不到了。"他双手抱着头，缓缓地说："我原以为我没有办法再说话了。"

凯文终于开口说话了，同时我也发现他就像大多数拒语症的孩子一样，想要努力找回他自己说话的能力和动力就好像他一直未曾丧失过语言能力。一开始，他的声音显得相当粗哑生硬，很久没用过就是这样的感觉。后来我们给他服了些喉片，他喉咙发炎的情况就渐渐消失了。

凯文是位很积极的沟通者，只是在刚开始的那几天，碍于他的声音，我们的沟通内容非常有限，不过在接下来的那个星期中，他就显得越来越驾轻就熟了。虽然这一路走来是那么的艰辛，但是我们沟通的话题，从未涉及个人层面。我们不曾谈到他在囚房中的情形，也从未曾提到过我工作上的事情，因此我看不出他对我到底存有多大的戒心，毕竟我对他的认识真的不多。

不过，克服了说话的问题并不意味着所有的问题都能得以解决，我们前面还有一条漫长而艰辛的路要走。例如，他内心的那股恐惧至今依旧未曾减少，在他能够开口说话之后，虽然偶尔会提到这个问题，但那毕竟只是表层了解，无法触碰到问题的根本所在。在无法突破这层瓶颈的情况下，我们只得继续困守在那张桌子底下。

渐渐的，凯文有能力让我进一步了解他内心的恐惧了。例如，有一天，不知道是谁在我们房间的空书架上留下一个装着旧课本的盒子，我并没有特别在意到那个盒子的存在，不过凯文马上把注意力都集中到了它的身上。

"盒子里面是什么东西？"桌子下的凯文问道。

"我猜，大概是一些旧的教科书吧。"我回答道。

"什么样的教科书？"

"我没有看，所以我也不知道。"

他的脸上闪过一道忧虑的表情。"去看看，"他用手肘推了推我，"帮我去看看，然后告诉我里面是什么。"

看到我一动也没动，他开始有些不快起来。他的语言让我感受到一股新的力量，因为他很确定我已经能够完全了解他要什么了。

"那里面可能有一些在螺旋形上升的东西，"他的声音显得有些急促，"在笔记本上。也许在那个盒子里面有一些螺旋形的笔记本。"

"我想那是不可能的，凯文。里面应该只是一些旧的教科书吧。"

"可能有的,你看都没看就说没有。去看看嘛。"

我叹了口气,照着他的意思过去打开了盒子,满足了他的好奇心。凯文总是这样,每当他脑海中出现什么想法的时候,就会变得非常的固执和执着,根本就没有心思再去做其他事情。若是不满足他的好奇心,他不可能配合我的治疗进度。

在凯文刚会说话的时候,不知道为什么我没有向任何人提起这件事。但是慢慢的我却发现他只愿对我一个人讲话,只要有第三者在场,他就不愿开口说话。终于,我明白了一件事,凯文是选择对象性说话,并不是因为我个人的因素或是我的专业技术让他开口说话的,除了我之外,他根本不愿跟其他任何人沟通。这种现象令我们的初步胜利大打折扣。

有一段时间,他简直就要把我逼疯了,因为我一直无法突破他这种选择特定对象沟通的壁垒。我把这个问题告诉了黛安、收容中心的员工以及我的同事杰夫,希望他们能够加入我和凯文的阵容。然而,不论大家再怎么努力,也不论我使用什么方法,他就是不愿对其他人开口说话。此时我才觉悟到,除非凯文愿意和其他人说话,否则我再怎么努力也是枉然,毕竟谈话对象由他来选择。显然这个星期的战争要比第一个星期更难打,因为现在凯文对抗的人是我。

现在又出现了一个令我很沮丧的问题,经过这次集合众人的力量而不得结果之后,大家开始质疑凯文会讲话的真实性。他们认为我一定是弄错了,甚至还拿这件事情来开我玩笑,每到上课的时候，他们就跑到门口来等着看凯文开口和我说话。我真的不知道该怎么向他们证明这件事，凯文对外面的世界如此排斥，我绝对不可能拿个录音机把我们之间的对话录下来。在这种对峙的情势下，我们毫无进展，依旧困在那张桌子底下无法突破。

还有一件最让人不可思议的事情就是凯文的身世背景。他的个人资料只有薄薄的几页，而且大部分的纸都是空白的。也许是基于特殊性的考虑，资料中他的母亲和继父的名字都不是真实的，也完全没有提到他亲生父亲的姓名或是任何消息。对于为何他的家庭要放弃他的监护权，把他交给州政府来处理，资料中则没有做任何说明。此外，虽然对他的恐惧心态、他拒绝走出自建的笼子有着有趣的记录，不过大体而言，资料都显得模糊不清。

整个档案中记载得最清楚的部分就属他的学校记录报告了。凯文曾在另一个城市读过幼儿园，读完第一年后，他因为不讲话而被留级，到第二年即将结束之时，他还是不讲话，不过由于他在其他各方面表现良好，因此他顺利升到二年级。然而接下来的这一年却是一场大灾难。由于他不开口讲话，因此每当遇到测验和口头问答时，他只能呆坐在椅子上看着别的同学考试。除了上课的情形之外，仅简略提到他受虐的情况。

我查过所有有关凯文的资料，不过资料实在少得可怜。在凯文来到盖尔收容中心这几年中，中心的员工也对他所知不多。目前我唯一的资料来源是黛安，她会随时告诉我凯文在中心的一切行为，但由于黛安是这家收容中心唯一的社工人员，而中心还有其他九十五位儿童需要她的关心，因此她也实在没有太多的时间去注意凯文的一举一动。此刻的我真不知该从何处着手。

有一天，我们在看一本专供儿童阅读的烹饪书籍，里面有很多精美食物的插图，我在教小孩子的时候经常拿那本书来当教材。

"那是什么？"凯文指着一幅给意大利面条浇番茄汁的图片问道。

"那是茄汁意大利面。"

他沉思了好一会儿后说："那看起来有点像脑髓，你见过脑髓吗？"

这个问题我倒是从未想到过。"见过呀，街上有些商店有时候也卖这种东西。我猜他们是在面里面加了些鸡蛋和其他一些东西后就变成那个样子了。"我说。

"不，我是说真正的脑髓就像你这里面的那些东西，人类的大脑，你见过吗？"

"我见过，"凯文不等我回答就自顾自地说道，"那是种血淋淋又黄黄的东西，一卷一卷的形状就像这些意大利面条一样。"他顿了顿又说，"难道你不觉得那种东西很恶心吗？"说完之后便小心翼翼地研究着我的脸。

"我不知道，会吗？"

"到底会不会嘛？"

"我不喜欢去想这种事情，这样你满意了吧。"我答道。

他紧紧盯着我看,好像要把我看穿一样,我真的猜不出来他想要在我的脸上看出什么。然后他的眼睛又转回到书本上。"我不吃意大利面条,"他说,"尤其是看起来像这个样子——像脑髓一样的,全都压得稀烂的意大利面条。"

我无语地点了点头。

稍稍放松之后,他靠回椅背:"我们翻到别的地方看点别的东西吧。"

十月份,我们大多数时间都过得很平静,我不但成功帮助凯文开口讲话了,我们两人也对彼此越来越熟悉。我开始清楚他的恐惧,也知道如何来安慰他的恐惧。我开始从外面带一些东西来给他,一些他喜欢的东西,譬如拼图、书籍、糖果以及杂志等等。他开始和我谈论他个人的事情,给我看一些他个人保存了好多年的东西。我们开始慢慢离开桌子底下——这可不是一件容易的工作,我得每天往外移出一点点,距离之小甚至连他都未曾察觉。不过,每当他感觉不到安全感的时候,他又会钻回他的避风港。只是在正常的环境下久了,慢慢他也觉得没有必要一直躲在那里面了。

他心中的那股恐惧也一点一滴在消失。每当进到我们那间小小的白色教室并关上门之后,我发现他总是能够轻松地坐在椅子上和我谈话。这时他就会好奇地问我外面的十六岁孩子的世界是怎样的。不过,只要教室的门一打开或是让他听到教室外面有声音,他的恐惧又会蹿出来,然后他就又不愿开口说话了。虽然他学会了一些让自己放松的练习,但是他更多时间都是紧绷的。

凯文很有幽默感,也很爱讲笑话,他那个笑话一讲再讲,不下三十遍,我听到都会背了,于是我买了本笑话集给他。他会把那些笑话一则一则读给我听,等到全部都读完之后,他会再回去读他最喜欢的那几则笑话。

"你在什么地方买到这本书的?"读完笑话之后他问道。

"在购物中心里卖书的地方。"

"他们有卖其他的笑话集吗?"

我点了点头:"不是只有这种笑话集而已,他们还卖很多不同类型的笑话集。"

他注视着我好一会儿,然后说:"你可以帮我买一本吗?另外的那一种,好吗?"

"好的,不过要等一段时间再说,那些书不便宜,等我有钱再为你买一本。"

他还是直直地盯着我看。"你不会恨我的,对不对?"他轻声柔和地问道。

"不恨,我不恨你。"

他的唇边泛起了一丝淡得难以察觉的微笑。"我也觉得你不会恨我。"说完之后他的眼睛便望向我头顶上方的窗户外面。然后他缓缓地跪起来想要把外面看得更清楚。

"你知道的，"他又坐回地上，"你知道的，我和你说话。"

我点了点头。

"我和你说话，我要和你说话。"他抬头看着我，"你看，我就知道你不会恨我，从一开始我就知道，从一开始我就看得出来你不会恨我。"他唇边那个奇怪的微笑又出现了，然后他又看着我头顶上方的阳光。

"凯文，我可以问你一些事情吗？"

他回过头来看着我。

"为什么你要说话？是什么原因让你决定要说话的？"

他叹了口气，双眼凝视着阳光："我和你说话是因为我知道你不会恨我。"

"可是为什么在这么多年后你才决定要开口说话呢？"

他沉默不语，只是凝视着外面的阳光，沉默得让我以为他不打算回答我的问题。

"我以前有一只猫，"他终于开口说话了，"可是它已经死了，现在正埋在地底下，只剩下骨头和泥土。"他一个劲地注视着我。

"这种事要我怎么讲呢？"

第5章

对抗恐惧

> 恐惧一直就像个第三者一样存在于我和凯文之间,它甚至已经有了自己的生命,它控制我们、折磨我们,更欺压我们。到后来,我甚至觉得它并不是凯文的一部分,它根本就是一个个体,不但威胁凯文也威胁我。

其实,凯文还有两件事是迟早都要面对和解决的,一是他的卫生问题,二是他的恐惧问题。关于他的卫生问题,打从一开始我就知道这个问题的存在,因为多年来那股莫名的恐惧让他不愿洗澡,更确切地说,他因为怕水而不愿洗澡。问题是,他这种不良的卫生习惯让我无法忍受和他在一起,而且人们也不会对他一视同仁。就像美貌或许只是一种表象,但是人们往往会因这种外在的表象来判断一个人,根据一个人的外在,来决定要不要喜欢他或和他做朋友。因此就算黛安和我可以接受凯文,我们却不能强迫其他人也同样接受他。

很快，我认识到凯文身上的很多问题是我根本无法控制的。就拿他的头发来说，他那一头乱发又长又臭还到处打结。这种情况不是只发生在他的身上，收容中心几乎所有的孩子都是如此。我不知道该如何处理这个问题，因为我既不认识任何服务于政府的理发师，又不能带他到外面去剪发（他是不出门的），而且我自己也不懂理发。我只有在州立医院当老师的时候，因为听到一个孩子抱怨自己的头发长得像女生，所以硬着头皮拿起剪刀帮他剪了。所以我想或许我可以再试一次，帮凯文把头发整理一下。

凯文的衣服糟糕的程度也和他的头发不相上下。看他身上穿的衣服，大约都穿了十年以上，而且可能都是一些三手货，这还不打紧，最要命的是这些衣服穿在他身上实在是太小了。衣服短到连袖口都扣不上，长裤不但过窄而且长度也都只到小腿，为了坐下时能够舒服一些，他得把裤子往下拉。这些我看着都觉得非常不忍，真不知道他怎么能忍受得了每天穿着它们。

所有这些问题中，最严重的要数凯文的皮肤问题了，他有可能这一辈子都得和皮肤科医生结缘了。他可能因为长年不洗澡，导致皮肤到处长满了痤疮。还有，他的脸颊、鼻子、下巴、额头，甚至是双耳都长满了青春痘，要是一般没有心理准备的人坐在他身边，得要有相当的勇气才行。单单想象一下那种景象，就足以让你感到毛骨悚然了。为了解决凯文的这些问题，我们甚至成立了一个小组，成员除了我和黛安之外，还有中心负责监护凯文的员工。经过一段时间的努力，虽然说凯文还不至于焕然一新地变成美国先生，不过他至少看起来像个正常的男孩了。

接下来要解决的是他的恐惧问题，这要比上一个问题棘手许多。

恐惧一直就像个第三者一样存在于我和凯文之间，它甚至已经有了自己的生命，它控制我们、折磨我们，更欺压我们。到后来，我甚至觉得它并不是凯文的一部分，它根本就是一个个体，不但威胁凯文也威胁我。我们不停地试着要去克服它，但是每次只要我们一越线，它就"轰"地爆发出来，把我们轰得毫无招架能力。每次遭遇这种情形，凯文就会全身不住地颤抖，泪如雨下，然后总会有好长好长一段时间没有勇气去挑战那位"恐惧"先生，只怕又把它引诱出来之后，自己会承受不了那种痛苦。

"恐惧"先生是很诡异的东西，我们无法知道它会在何时现身。螺旋形笔记本的事情就是最明显的例子。这种恐惧的现象，显然让我受害不少，因为我不知该如何突破这层瓶颈，但是不管怎么说，受害最深的还是凯文。

有一天凯文对我说："有时候，当我晚上躺在床上的时候，你知道在漆黑的晚上躺在床上是什么感觉吗？十点以后，我们的房间就不准点灯了，他们只在走廊上留一盏灯。但是那盏灯照进房间时，会照出好多的影子，会把东西的影子拉得长长的。我躺在那里，看着那些影子，然后强迫自己把那些影子想成是日常生活中一些寻常的东西。那些影子是我的桌子，或者是我的椅子。可是那些影子，其实根本就不像我想的那些东西，他们看起来更像其他某种东西。"

"那些看起来非常像人的影子。"他转头瞄了我一眼，声音一如往常的柔和，好似在说故事给自己听。"你知道的，就是那些你觉得和你是同类的人，在那一瞬间你却突然觉得他们和你根本不是同类。在黑暗中，桌子、椅子和中心的员工都会变形。我静静躺在那里，心中想着，这才是桌子的真正形状，白天看到的桌子的形状，并不是它真实的面貌。我总觉得晚上所看到的形状才是事物的真实面貌。可是它们真的非常丑陋，黑夜中所看到的东西真的很丑陋，但是我也明白，就算是在白天它们也不会好看到哪里去。当我单独和它们在一起的时候，它们就会变得很难看。"

一阵沉默袭来，我们两人无言以对。这时晨光笼罩在我的身上，我感到一阵温暖。

"我很害怕那些椅子。"凯文说道。听到我没什么反应，他转头瞟了我一眼："我努力克制自己不要去害怕那些东西，努力地去对抗心中的恐惧。但是我真的做不到，那种恐惧害怕的感觉无所不在。那种感觉就像是在对抗无边的黑夜一样，你永远不是它的对手，除了等待黎明的来临外，真的没有任何的方法和力量可以和它对抗。"

十一月来临。我和凯文一如往常地进行着我们的治疗课程。由于三十分钟的时间不够我们使用，所以我主动把我们治疗的时间延长到一个小时。到目前为止，凯文还是不愿和任何人讲话，除了我。

现在，我们的进度到了彩绘的部分。我在旧书摊买了一张着色海报，上面是一艘太空船。凯文正画着太空舱上的组员，我只好涂天空的颜色，因为凯文不喜欢这部分无聊的颜色。

"你知道吗，"看着这一大片无聊的颜色，我说，"我真的不会用这种画笔，我希望能够有一只大笔，只要画几笔就能把这个画布画满，那该有多好。"

"你别无选择。"他心不在焉地回道。

凯文注视着那张海报沉默了好久好久。我发现他抓着画笔的手关节全都泛白，他的呼吸越来越急促。所有的征兆又都回来了。我紧张地在房间里到处张望，想要找出是什么东西把他吓成这个样子。

"不，你别无选择。"凯文说道，他的声音非常低沉，全身的肌肉都紧绷起来。

我注视着他，看到恐惧正一点一滴地爬到他的身上，但却不知道是什么原因导致他这个样子。我望着那张海报，心中思索着也许我可以分散他的注意力，让他不要去想恐惧的事情。

"为什么不干脆让它留白呢？还有很多部分可以着色，我可以来画天空中的星星，我可以用黑色把它们一个个勾勒出来，这样它们就会变得非常显眼了。"

"不。"他沉静地说道。

他严肃地看着我，两个瞳孔因为恐惧而放得很大，不过在那双恐惧的眼睛背后，还存在着某种我所无法理解的紧张。

"怎么回事，凯文？到底哪里不对劲？"

"你没有选择，你必须画天空。"

"为什么？"

他背对着我，全身开始颤抖，整个身体缓缓地弓了起来。"你没有选择，你必须这样做，因为这是我的命令，你听到了吗？"他低声喃喃地说道。

因为久坐在双腿上，我开始出现血液循环不良、双腿发麻的现象，于是我换了个坐姿。

"啊——"看到我的动作，凯文尖叫一声，丢掉了手中的画笔迅速钻到桌子底下。

"凯文？"

"我不是故意的！"他双手紧抱着头，全身缩成一团，"我不是故意的，我真的不是故意的，你可以有选择的！"

我被这幅景象吓了一大跳，只能目瞪口呆地看着他。

"对不起，对不起，对不起，我不是故意的！"他的脸上满是泪水，他不停地摇晃着身体，不停地啜泣，"求求你，求求你，求求你，我不是故意的，我真的不是故意的，我很对不起。"

"凯文，没关系，这又不是什么大不了的事情。你不要害怕，我没有生气。你要我画天空吗？没有关系，我就画天空，好吗？"

我一边说一边慢慢地向他爬去,想办法安抚歇斯底里的他。

轰!

一见到我靠近,他立刻跳了起来,顺手把桌子掀到身后。"离我远一点!"他大叫着。这时的他满脸通红,眼神非常吓人,"走开!走开!"

我还没回过神来,一把椅子便已经朝我飞过来,不偏不倚地打中我的脚板,痛得我必须拖着脚走路。

这个房间实在太小了,小到他无处可逃。显然,那个引发他恐惧的人就是我,他似乎把我当成魔鬼一般,手上一抓到东西就往我身上丢,积木、铅笔、钢笔、椅子……我也不得不随手抓起一把椅子自卫。这一下子更不得了,他以为我拿椅子是要对付他,于是他有如出笼的猛兽般发起狂来,除了不停地攻击我之外,也不停地伤害他自己,整个情况完全失控。最后他的吼声引来了警卫的注意,警卫、驻院心理医生、员工,还有黛安等一伙人,费了九牛二虎之力才把他制服。也许这次的情况太严重了,连打镇静剂也无法让他安静下来,他依旧暴跳如雷。还好隔离室的墙壁上都贴满了软垫,否则像他那样撞墙,早就把骨头撞得粉碎了。

凯文被带走之后,黛安一边朝着我走过来,一边把东倒西歪的桌子和椅子扶正。我感到全身酸痛,拉起袖子来才发现手臂上到处是青一块紫一块的伤。

"他们现在请了一位医生在照顾他。"黛安说话的同时也伸手摸了摸我手臂上的那些伤,"在他被带走之前,你应该让他看看他的这些杰作。很痛吗?"我点了点头。

"你的鼻子也被抓伤了。"她用手指碰了碰鼻子,然后注视着我问道,"到底发生了什么事?"

"我也希望知道到底发生了什么事。我真的不知道。"

"他就那样无缘无故地抓狂起来?"

我耸了耸肩,没有回答。

我原本打算等到凯文的情绪稳定下来后再去和他谈谈。但是当我来到隔离室门外时,发现他依旧暴跳如雷,还是不停地尖叫、撞墙。这种情况下是不适宜进去和他谈话的,于是我到医疗部门去找医生。处理完身上的伤之后,我便到黛安的办公室去做例行的上课记录报告,也把今天发生的情况详细写进凯文的档案中。

做完档案记录之后,我又来到凯文的隔离室外面。凯文一共被打了两次镇静剂,但是他的情绪还是没有完全平静下来。我从门上的玻璃望进去,看到他全身赤裸着。为了怕他做出伤害自己的行为,工作人员把房间里的东西全都移走了。不知是药物的关系还是身心的疲累,他的动作看起来有些迟缓。他此时的情绪还是非常激动,嘶喊尖叫的同时双手还不时地打脸捶胸,好似要把自己的胸部撕裂一样。

我站在那里凝视着那扇门板,想起自己竟然有这种力量可以让人恐惧到那种程度,心中不禁有种毛骨悚然的感觉。这时中心的一位助理悄悄来到我的身边，观察了一会儿里面的动静之后，她轻声地说："他的神经病发作了。"

这句话让我感到非常难过，我强忍住眼眶中的泪水。我真的很想哭，因为事情不应该是这个样子的，因为我真的不知道为什么会变成这样。不过对于发生的事情我并不失望。其实这是再自然不过的事，我并不会因此感到沮丧，同时对凯文也没有特别的期待，甚至觉得自己的情绪已经走出了凯文的阴影，可是不知道为什么我就是很想掉眼泪，我觉得好累好脆弱。想到要在这个时候离开凯文，留他一个人独自去面对恐惧，我的心就绞痛起来。可是，我还是得走，因为我没有时间了，还有好多其他的事情在等着我去办理。

第6章

燕麦粥的故事

> 我坚持不肯吃，于是她就抓住我的头发，趁着我痛得张开嘴巴的时候，把那碗粥倒进我的嘴里。那种味道是谁都无法忍受的，我忍不住把东西全部吐在桌子上。结果你知道她逼我做什么吗？她逼我把吐在桌上的东西吃干净。

第二天，我在那个白色的小房间里等了又等，但是凯文一直没有出现。终于，一位助理跑来告诉我说凯文今天生病不来了。于是我决定到凯文的房间去看看他的情况。

以前我从未去过凯文的房间，那是一个大房间中的一个小屋。这种隔间方式是盖尔收容中心的特别设计，目的是希望给每个孩子创造属于他们自己的隐私空间。我进门时凯文正背对着门躺在床上。我环视了一下这个小房间，狭窄的情况和我们那间小教室不相上下。

"凯文。"我细声叫道,生怕我的出现又引发他内在的恐惧。他也许还在流泪吧,他的双手正掩着脸,这种感觉真是沉重。我静静地坐在床沿上,轻轻摸了摸他的手臂:"凯文,现在是我们一起上课的时间了。你不想到教室去吗?"

他摇了摇头。

我俯过身去看着他的脸:"听着,凯文,我知道昨天的课程进行得不顺利,事情出了点意外,但是意外是常有的事情,没有什么好大惊小怪的。你不要放在心上,事情总是会过去的。"

他还是掩着脸,无语地摇了摇头。我看到泪水正沿着他的手指往下流。

"事情一定会过去的,只是现在还看不出来罢了。你现在一定觉得自己好像到了世界末日一样,对不对?但是不会的,你的世界不会这样就结束的,有我在这里陪着你,对不对?要是我不想陪你的话,我就不会回来了。可是现在我回来了,因为我真的很喜欢和你在一起呀。"

凯文还是没有反应。这种状况着实让我很担心,害怕他从此又不愿开口讲话了,于是我不放弃地一再尝试。

"凯文,你真的不想下来吗?我们只剩下半个小时可以利用了。快点起床到楼下来,我们可以一起玩拼图游戏,我知道你喜欢玩的,对不对?"

他还是一动也不动。他根本就拒绝移动、拒绝回应，甚至拒绝看我。几分钟之后我站了起来，说："明天我再来看你，我们再继续上课。"

走出隔离室，我顺路走到护士小姐那里，从桌子上拿走凯文的资料。由于凯文过去的资料实在少得可怜，因此我必须将所有我和凯文的互动情况详细记录下来。我独自一个人在员工休息室研究手中的那份资料。几分钟之后，凯文出现在员工休息室门口。显然前一天的大战在他的脸上留下了印记，他全身伤痕累累，脸也肿了一大半。我对着他微微一笑："嗨！"

他没有说话，只是盯着我看。气氛安静得让我们可以听到彼此的呼吸声。

"我可以坐下吗？"他问道。

我点了点头，指了指对面的一把椅子。他顺着我的意思坐下来，双手交叉地靠在桌上，头则垂得低低的。

"镇静剂的药效还没有退吗？你还是觉得很想睡觉吗？"我问他。

他点了点头说："你知道她曾经对我做过什么吗？"

"不知道。她对你做过什么？"我根本不知道他说的是什么人。

"我一直都很讨厌吃燕麦粥，那是所有的食物中我唯一不吃的东西。我妈妈不但习惯拿它来当早餐，而且还每天煮。然后，她命令我一定要吃，要是我没有把东西全部吃完，她就会不准我离开餐桌。若是我执意反抗，她就会去装更多的燕麦粥，然后硬逼着我把它吃完。如果我不吃或是没有吃完，而我又必须去上学或是做其他什么事情，她就会把我的那一份没吃完的燕麦粥留下来当作我的午餐。曾经有过最高的纪录是留了两天的燕麦粥，让人看了都想吐，更别说是吞下肚了，可是她就是硬逼着我把它吃下去。我坚持不肯吃，于是她就抓住我的头发，趁着我痛得张开嘴巴的时候，把那碗粥倒进我的嘴里。那种味道是谁都无法忍受的，我忍不住把东西全部吐在桌子上。结果你知道她逼我做什么吗？她逼我把吐在桌上的东西吃干净。"

我静静地聆听着他的故事，不做任何的回应也不插嘴。同时，我也边听边把这个故事记录到我正在研究的凯文的个人资料档案中。

"我什么东西都吃，就只有那样东西我不吃。为了不让她误会我有挑食的习惯，我对所有食物都表现得非常有食欲，就只有那一样东西不吃，不过我猜那并没有得到什么效果。"

"那件事一定让你非常生气。"我抬起头看着他说道。

"她是让我非常生气，气到我想宰了她。"凯文看着我，眼睛眯成一条线，"总有一天我一定会宰了她的。只要我能够离开那个地方，她就再也无法逼我做些什么。要是她还本性不改的话，我绝对会让她好看的。"

第二天的早晨，天空一片灰蒙蒙的，一路行来街灯通明。我在九点三十分时抵达盖尔收容中心。

凯文已在那间小小的白色教室等着我了。我走进去的时候,他正倚在窗旁注视着外面。这是我第一次看到他安安静静地站在一个点上,不急着要冲到某个地方去,显然他已经暂时卸下了恐惧的重担。

知道我走进教室,他并没有转过头来,仍然静静地凝视着外面。天色是那么灰暗,这真是苦涩的十一月。此刻雪已经停了,除了湿冷和沉静之外,就只剩下一片死寂。我走到凯文身后,默默地放下置物盒。老实说,在经过了那一切之后,现在我倒是有些怕他了。我时常在想,也许十一二岁以下的孩子才是我的专长,面对凯文这个已经快要十六岁的大孩子,有时我真的不知道平衡点应该放在什么地方,毕竟在某些方面他要比小朋友们尖锐多了。

凯文还是没有回头,他身上散发的某种特质,让我不愿破坏眼前的沉默气氛。自然而然的,我也望向窗外,窗外的那座法院显得如此了无生气。

凯文静静地站着,脸上的肿胀依旧未消,先前淤紫的部分现在已经转成更深的颜色了。注视着此刻的他,我突然觉得现在占据他的已经不是那份恐惧了,他的心中还有其他的事情。此刻的凯文,看起来竟是如此的苍老,这是他从未有过的样子。此外,他看起来似乎非常的疲惫,毫无生气。

"我希望我能够看到更多。"他终于开口说话了。

"我不懂你的意思。"

"在这片雪的背后。这片玻璃不够好,不能够让你看到你真正想要看的东西。我已经知道我身在何处。我希望我能够看到更多的东西。"

又是一阵沉默。

这次的沉默持续得非常久,我想是因为我害怕去打破它的缘故吧。这种沉默让我有种窒息的感觉。很明显的,凯文的心现在正在某个地方,我不知道是不是应该把他唤回来。这是个完全不同的凯文,他已经不再是躲在桌子底下的那个凯文了。我对现在的他感到十分陌生。

他轻轻地转过身来瞥了我一眼:"他们付钱给你,对不对?"

"谁?"我问道,"付钱做什么?"

"付钱请你来这里。"

我点了点头。

"你来这里陪我做这一切,是因为有人花钱请你这样做的。"

"那是我的工作,你早就知道的,你一直都知道的。"

他耸了耸肩,那是一种漠不关心的耸肩。然后,又是一阵沉默。

"你心里在想些什么,凯文?"

"没有什么。"

"我不信。"

他又耸了耸肩,然后又是一阵沉默,他可真是个沉默大师,那是他自我保护的最佳绝招。不过这种游戏我也很拿手。我们两人就那样一言不发地站在那里看着窗外灰蒙蒙的世界。时间一分一秒地流逝。

"我想,也有可能是因为你想要来所以你就来了。"

"没错。"

"可是,不是因为钱的缘故。"

"钱并不是最主要的因素,我来是因为我想要来。如果我不想来的话,就算出再多的钱我也不会来的。任何人都无法用钱来买动我,所以钱绝对不是最重要的因素。"

他又耸了耸肩:"无所谓,反正我习惯了。他们一定告诉你我没有亲人,对不对?他们一定告诉你我的家人把我带到这里来,然后把我丢在这里,从那个时候开始我就再也没有见过他们了,对不对?"

"没有,事实上他们并没有告诉我这些事情。"

"我猜想,"他说,"要教导我这样的人一定得要花很多钱才行,要是这个世界上有一个人能够分文不收而愿意来教导我,那该有多好。"

凯 洛

画中那个女孩看起来像鬼一样,她并不漂亮,头发也乱得让人觉得无从整理。她的脸上一点笑容也没有,眼神好似正瞪着我们这些不速之客,我尤其注意到她的嘴唇,她那饱满的双唇透着一种超出年龄的成熟。

进入十二月了。这一年的天气有点诡异,往年这个时候,地上早已铺满了厚厚的积雪,天空也会不停地飘着雪花。可是这一年很不一样,气温大都维持在冰点温度左右,云层就像是化不开的心情一样,整天都是阴阴暗暗的,即使在白天也得开灯才行。

凯文的心情就像这整个令人无法理解的阴冷寒冬一样,一直无法从那张彩绘海报的噩梦中醒过来。但是不论过去发生过什么事,那都已经过去了。凯文整体上还是有了极大的改变。

在过去的十天中,凯文的行为依然如谜一般令人不解。他越来越少和我讲话，过去那些让他感到很愉快的事情现在他也很少去做了，也不再玩填字游戏或是参与类似的活动了。在那十天之中，他好像突然长大了，以前他身上所散发出来的那种青春少年特有的气息，也在短短的几天中消失无踪。现在的他，大部分的时间不是站在窗前，就是在那个小小的白色教室中来来回回地踱步。而我觉得他身上最神秘的改变是，他就好像一只会脱皮的动物一样，把恐惧给脱掉了。虽然他的资料显示，当在隔离室或在学校的教室中时，他仍然会出现害怕的情绪，也会用桌子和椅子来保护自己，但是在我的面前时，他却可以把恐惧完完全全都抛开。不过，我同时也察觉到他身上的那份恐惧似乎是被某种负担取代，这个负担让他变得很老成。我不确定这是不是一种沮丧，我不知道他过去发生过什么事。尽管他后来告诉了我一些，但那毕竟还非常有限。

"我给你画了一些东西。"有天早上他边说边抓过一把椅子坐了下来，"看，看我给你画了些什么？"

那是一幅男人躺在马路上的图画，绘画的技巧十分娴熟。画中是个被开膛破肚的男人，内脏流到身体外面来。在那个男人看起来支离破碎的腿上站着一只鸟，鸟儿正从破裂的肚子中拖出一条又长又结实的肠子，血肉横飞、鲜血四溅。那是一张极为恐怖又恶心的画，笔法精确又细致，可怕到令人不可思议的地步。直到那一刻，我才发现凯文有很好的绘画天分。

"我原本可以画得更好的，要是我有真正的铅笔就好了，我们在这里是不可以拥有自己的铅笔的。"

"我看得出来。"我努力压抑内心那股恶心的感觉。

"这就是他未来的下场,"他说,"我要亲眼看到他那可笑的身体被四分五裂,让秃鹰把他的内脏吃掉。"

"哦,"我愣了一下,根本不知道他指的那个人是谁,"他是谁?"

"除了我的继父之外,还会有谁呢!"他的额头皱了起来,好像他觉得我应该知道他和他继父之间的一切恩怨,好像他已经告诉过我所有的事情而我却忘了,但其实他根本就没有告诉过我任何事。

他又非常非常仔细地研究着我的脸,目不转睛地盯着我,盯得我不觉有些莫名其妙起来,不知道此刻他又想从我的表情中找寻些什么。终于,他转过头去看他的画。"这就是我继父的下场。总有一天它不会再只是一幅画而已,总有一天它会变成活生生的一幕。"他冷冷地说着。

凯文随时都带着那幅画,有时会放在他的小盒子里面,有时会藏在他的衣服下面,只要一有空他就会把那张画拿出来仔细地检查一番,看看是不是有什么地方可以再加强的。有一天当我来到那个上课的小房间时,凯文正埋头绘画,我走到他旁边的椅子坐下来,正好他把手上的那张画举得远远的在观看,然后他的手指沿着画中每一个部分缓缓地滑过——又是那张可怕的画。看完之后,他又望向窗外。

"这是一个好地方。"他喃喃自语。

我没有作声。

好一会儿之后他又说道:"你是个魔术师,对不对?"

我不懂他在说些什么。

"你来到这里以后就把所有的坏事情都赶走了,那些坏事再也不会发生在我的身上。你是个魔术师,对不对?"他对我说着。

那是个很难回答的问题,因为我并不知道他那些话背后真正指的是什么,我只是在随着他的节拍起舞,真正的情况其实我了解得并不多。

"你在这里觉得安全?"我问。

他点了点头,轻轻地抚摸着那张画,然后又点了点头。

到了隔天,我们的话题又回到那张画。

"你非常痛恨他,对不对?"我说道,同时看着他的手指缓缓地划过那张画。

"他是个大混球。"凯文答道。那是我第一次听到他口出恶言。

我点了点头。

"我要宰了他,"凯文说,"当我离开这里以后,我要给自己找一把刀子,然后去找他,然后宰了他。我绝对不是随便说说的,你等着看好了。"

"你要杀他?"

"杀他?那不是太便宜他了吗?我要把那个狗娘养的人渣慢慢地折磨死,然后把他的脑子挖出来丢在地板上,把他的内脏拿去喂狗。"

在接下来的那几天,这种情况还是没有改变,凯文对那张画着迷的程度,简直到了走火入魔的境界,他总是把它带到我们上课的房间来,再慢慢地仔细地加以描绘。这种情形着实让我感到很不安,我也越来越担心,害怕他有一天会闹出什么不可收拾的乱子来。此时我不禁质疑起自己对他的引导是否有所偏颇。难道说,在我把他从他自己建构的囚笼中释放出来之后,我同时也创造出一个有如科学怪人之类的恶魔吗?

这一切虽然都只是我的推论,但我的推论结果却也不无道理。此刻我们可以说是走在一条险路上,但相对的,能够看到他一点一点地把内心的恐惧排除掉,却也是一件令人高兴的事。

凯文对那张画着迷的情况约持续了一个星期之后,他似乎还是觉得不够满意,不时地拿出铅笔来补上几笔。不过每当有助理或是其他员工进来时,他就会赶紧把铅笔藏起来,把图画折成一个小小的方块,然后塞到我的手上。他不想让其他人发现他在画这些东西,更不能让他们知道自己有铅笔,因为中心规定他们是不可以私自拥有铅笔的。有一次我打开他塞在我手上的画,发觉他的笔法真的非常不错。而在图画的下方还记有一段文字:

给我纸!给我笔!我要很多颜色的彩笔,拜托。我需要它们!

隔天早上,我带着三本素描本和一盒二十四种颜色的彩色铅笔到中心。当我走进那间小房间时,凯文早已经坐在里面的地板上了，看到我进去他便转身过来看着我。

"你看。"我边说边走过去坐在他的身边。

凯文整个脸都亮了起来:"这是你买给我的吗?"

"没错。"

"就因为我曾经告诉过你?你是特地为我买的?"

我点了点头。

他迫不及待地撕开包装纸,兴奋地翻着那几本速描本,不停地抚摸着那盒彩色铅笔。"嘿,这些东西真的很棒。"他抽出了一支铅笔在纸边画了几笔,"这些东西真的很好,真的很好,我想要画画看,可以吗?"

"它们是你的,你爱怎么样就怎么样。"

"哇!太棒了!"他迫不及待地倒出整盒铅笔并打开素描本。"现在,我要为你画一张画。你希望我画什么呢?不管你要什么,我都会帮你画。"

因为我脑海中正出神地想着事情,所以并没有立刻回答他的问题。从我坐的这个位置,可以望到窗外。远处一棵高大的树木矗立在一片银白的雪海中,如棉絮般的雪花飘落着,除了一片银白的世界和纷飞的雪花外,外面的世界似乎什么也不剩。想着想着,我的思绪突然回到凯文身上。我回头看了看他,发现他已经自顾自地画起来了,我倚身过去看他在画些什么。

那是一个年纪很小,大约六七岁左右的小女孩,留着长长的头发，双唇微微张开。在他的笔下，那个女孩显得栩栩如生，不论在绘画技巧还是着色上都非常出色。他真的非常有绘画天分。我不懂为什么这么多年来竟然没有人发现这一点。

画中那个女孩看起来像鬼一样，她并不漂亮，头发也乱得让人觉得无从整理。她的脸上一点笑容也没有，眼神好似正瞪着我们这些不速之客，我尤其注意到她的嘴唇，她那饱满的双唇透着一种超出年龄的成熟。这张图的精确度和照相机拍摄出来的照片没有什么差别，令人印象十分深刻。

"那是谁？"我好奇地问道。

"凯洛。"他一边回答我的问题，一边继续专心画着。

"凯洛是谁？"

"我妹妹。她很可爱，对不对？"

我点了点头。

然后我们便陷入一阵沉默，只剩凯文画笔下传出来的声音。我转身靠着墙壁，只有这样我才能面对面地看着他。我细细地看着他绘画时的每一个小动作。观察之下我才发现，原来他长得并不难看，没有先前印象中那么丑。全心投入在绘画中的他，显得相当地放松，过去几个星期以来的那种紧绷已经从他身上消失了。现在的他，动作、姿势都很自然，这是我以前从未见过的。

他终于画好了。凯文把画举得高高远远的和我一起观赏着，他在微笑，那个微笑有点好玩——柔和又自信。我还来不及看清楚，他突然又自言自语地说声"对了！"然后放下画弯下身又自顾自地画起来，他在画上加上了一艘小小的船。

"你知道吗？"他说，"我本来要买一艘这样的小船送给凯洛的，我告诉过你这件事吗？"

"没有。"直到现在我才知道有凯洛这号人物的存在。

"反正，我本来要买这样的一艘船给凯洛的。你到街角处的那家商店就会看到了，他们有卖那种小小的、可以在水面上滑行的塑胶船，就是那种可以在浴缸中玩的那种船。不过，你一定得问他们要才能看得到，因为他们怕小孩子拿去玩，所以都把那些小船放在柜台后面的架子上，那些真的都很棒。

"一艘小船卖两块九毛八，当时我的存款有三块一毛钱。我告诉妹妹说我要到街上去买一艘小船给她。我来到街上，走进那家商店。我心想，接下来我要要求他们拿那些小船给我看，可是我不敢。于是我走出那家商店，在外面的走廊上坐了好一会儿，然后我站起来又走进那家店，心想这次我一定要看看那些小船。可是，我还是没有勇气，于是我又走出商店外，又在外面的走廊上坐了好一会儿……"

凯文的头一直没有抬起来，径自画着他的画。我则静静闭上眼睛，画中那个小女孩的身影缓缓地浮现在我的眼前。我可以看到她那一头乱发还有她那一身皱巴巴的衣服，还有那种街头孩子特有的自尊。

"过了一会儿之后,我心想,现在你要进去请老板拿给你看,于是我又走了进去。可是我还是开不了口,只是呆呆地站在那儿。我可以看出来,那个店员的眼神,他一定以为我是个想进去偷东西的孩子。他问我:'小鬼,你要买什么?'被他这么一问,我不禁害怕起来,拔腿就跑到店外,又到那个走廊上坐下来。我不停地告诉自己说你一定做得到的,你答应凯洛要买一艘船给她的。终于,我一鼓作气走了进去,问那个店员:'我可以看看那些船吗?'他看了看我,然后说:'你是要买还是只是看看而已?'我说:'我要买一艘小船送给我妹妹。'然后他拿了一艘蓝色的小船给我看,那正好是妹妹最喜欢的颜色。于是我把它买了回去送给妹妹。"

"但是,后来当我准备外出的时候,我的继父出现了,妹妹也跟在继父的身后走了出来,手上还拿着那艘船。继父问:'你怎么会有那个东西?'妹妹说:'是凯文买给我的。'我的继父竟然说我们在说谎,他说:'那不可能是你花钱买来的,凯文你一定是去偷来的。'我早就知道他会那样说的。可是妹妹还是坚定地说:'不对,那真的是他买给我的。'继父高声叫她闭嘴,抢过她手中的那艘船丢在地上,然后用脚把它踩个稀烂。"

他再度把画举得高高的观赏着。

"看到小船被踩烂,凯洛忍不住放声大哭。她并不是因为东西被踩烂而哭的,因为她从来不会为了东西的好坏而哭泣。她哭是因为我,因为她觉得很对不起我。我不懂他为什么一定得对我那样,而且还当着凯洛的面。他为什么一定要让凯洛为我哭呢？为什么一定要拿我来伤害我的妹妹呢？"

凯文翻到下一页又开始画了起来。我坐到他的身边看他在画些什么东西。很快的，在他的笔下出现了一个身材瘦长的人形，然后他拿起红色的画笔开始点出淋漓的鲜血画面，我不敢置信地看着他，不知该说些什么好。此时那幅画似乎已经变得不重要了，让人觉得可怕的是凯文那种充满仇恨的表情。

"我要宰了他，我一定要。"凯文喃喃地低声说道，"我会拿把刀子宰了他。"

"那样并不是解决事情的最好方式，凯文。"我说，"你要想想后果的严重性，要是你真的……"

"是的，这些我都知道。"他打断我的话，抬头望着我，"我会被抓去关起来，可能会被判终身监禁，可是我并不在乎，对我来说那样做是值得的。再说被判终身监禁又有什么差别呢？我什么事都没做，但是我的前半生不也被判了监禁的徒刑吗？"

第8章

秘　密

"其实我也有一个我自己的世界,我一直都有,但是从来就没有把它画出来过,我一直把它藏在我的心里。"他微微地笑着,"在我的身体内还有另外一个男孩,我叫他布莱恩,布莱恩是个坚强的名字,只有坚强的男孩才配拥有它。"

进入十二月,不可思议的事情发生了。

由于那个星期我必须到市区参加一项会议,而会议的时间刚好卡在我和凯文上课的时间,于是我通知盖尔收容中心必须把上课的时间提早。在那个阴沉沉的星期一早上,我带着一双异常酸涩的眼睛来到收容中心,因为前一天我前男友来找我,我们出去喝了点酒,然后聊天聊到凌晨四点才回家。到了收容中心,我的脑中一片昏沉,于是我绕到黛安的办公室去喝杯咖啡提提神,顺便也和她讲讲话，我已经很久没有看到她了。

"嘿，她来了，黛安！桃莉在那里！"一位秘书小姐透过接待室的玻璃看到我的身影就大叫起来。其他职员也都探头出来看着我。这突如其来的状况搞得我一头雾水。

"恭喜你了。"她满脸笑容地说。看到我还是一脸的茫然，她接着又说道，"难道他们没有告诉你吗？"

"告诉我什么？"

"凯文开口说话了！"

凯文居然开口说话了，不是一句或两句话，是真正地说话了。七年未曾开口说过话的凯文，星期日下午居然好像没事一般地和黛安讲起话来，而且是有问必答。他说话的语气自然随意，完全看不出他曾经有那么长的时间没有开口说过话的样子。他不但和黛安讲话，也自动自发地和其他员工及孩子们讲话。黛安一开始被他的突然开口说话吓得目瞪口呆，接着高兴得眼泪夺眶而出。的确，那一天对中心所有员工来说，就好像在欢度佳节一般，每个人的心情都是既兴奋又激动的。凯文开口说话了！所有的员工都像是在迎接凯旋的英雄一样和我打招呼。

凯文开口说话了？我感到非常惊讶，但也觉得没有道理。这几个月以来我是那么努力地引导他和其他人讲话，但是一直都没有成功。他为什么会选在这个时候呢？他又为什么会突然改变心意要开口和其他人讲话呢？这件事情完全不在我的预料之中。而正因为如此，我的心中才会有种不安的感觉，我觉得事情有点不对劲。

问题是，我要怎么把我心中的不安告诉黛安或其他的员工呢？他们全都高举着咖啡庆祝着这个天大的喜事。他们把这一切都归功于我，还称呼我是奇迹心理学家，害我差点没把口中的咖啡给喷出来。我告诉他们，其实我也和他们一样的惊讶，完全没有料想到这样的结果，这一切并不是我的功劳，是凯文自己的努力。嘴巴上虽然这样说，但是我心里的那股不安却越来越强烈。

由于来得比较早，所以教室中只有我一个人。放下手中的置物盒后，我走到窗边望着外面。双手插在口袋中，我的脑海中不停地想着，凯文正在做一些我未曾预期到的事情。他已经找到自己走的路了，而我也许是当初推他一把助他一臂之力的人吧，现在他正靠着自己的力量朝着自己的方向迈进。我甚至不确定自己是不是能够跟得上他的速度。

窗外的天空越来越明亮。那些阴暗灰蒙的日子终于在感恩节前夕结束了。我依旧站在窗口，手依旧插在口袋中，看着窗外纷纷旋转飘落的树叶。这到底是怎么回事？这整件事情给我的感觉就好像是一幅拼图，只有在全部都摆对位置后才知道谜底是什么。到底是怎么一回事，又是为什么。

凯文愉快的情绪不逊于黛安。他有如一阵轻风般走了进来，脸上带有一抹诡异的微笑，临到门口时还回头向带他过来的助理挥挥手，然后挨到我的身边来。

"我猜他们一定都告诉你了。"他说。接着他走到置物盒旁边，俯下身看里面的东西。他打开盒子，拿出一本素描本和一支铅笔，盖上盒子，走到暖气旁边。

"没错，他们告诉我了。"

"我本来想自己告诉你的，但是我知道他们会比我先碰到你。"他开始动笔画了起来。

"现在，每个人都兴高采烈的，这件事情实在令人很不解。你明明知道这件事情会引起他们多大的反应……"说到一半我便停了下来，因为我已经无话可说了。

听到我突然不说话，凯文瞟了我一眼。他又对我露出那个诡异的微笑，然后便径自回到他的画上去了。我在他身上再也看不到恐惧的影子了，几个月前那个老喜欢躲到桌子底下摇晃身体的男孩再也不复见了。

"那么，你为我感到骄傲吗？我终于照着你的希望开口说话了。"凯文问道。

"要做到那样很困难吗？"我问他。

他抬起头，转过身，凝视着窗外好一会儿，然后点了点头："是的，很难。我知道我做得到，你懂我的意思吗？我最近一直在想这件事，可是实际要去做真的很难。"

我点了点头，心中不知为什么突然有一种很奇怪的感觉，同时还觉得自己处于一种被动的地位，好似凯文的改变不是我的成功，反倒是我的错误。

"那么,你为我感到骄傲吗?那正是你希望我做的,不是吗?"凯文再次问道。

我注视着凯文,想要看出他脑袋里面到底在打什么主意。没错,那曾经是我的希望,但是现在我却不是那么的确定。

"你为什么要那样做呢,凯文?"我问他。"是什么原因让你决定要在这个时候开口说话的呢?"

"因为你要我说话呀。"

我摇了摇头。

他咬了咬嘴唇,低头看着画本:"因为……因为我觉得现在是时候了。"

"为什么?"

"因为我很清楚,只要我无法开口说话,他们就会永远把我留在这里。而如果我没有办法离开这里,我就……"

"你就永远无法杀了他?"我替他把话说完。

沉默冷硬地僵持在我们之间,冷硬的程度到了让人觉得触手可及的地步。

他点了点头:"没错,我就永远也杀不了他。"

日子一天天地流逝,我在凯文身上看到越来越强烈的仇恨情绪。我终于明白我必须为这种情形负起绝大部分的责任,这绝大部分的错都是我造成的。凯文还是会常常和我提到那些事情,不过当他在和我说话的时候,会把我当成他的一部分,更精确地说应该是,其实他是在跟自己说话,我在他的眼前就好像是个隐形人一样的存在。

对我来说,这个经验就好像是恐怖小说的开头部分,让人觉得接下来的每一步都充满危机。凯文真的会那么危险吗?这是一个非常实际的问题,而且在接下来的那几个星期中,我几乎无时无刻不在问我自己这个问题。凯文这种复仇的心态,为这个圣诞佳节画上了一个不完美的句号。

我的心里很清楚我无法控制凯文。他是不是会把他画中的那幅景象化为实际行动呢?或者,他会不会意外地把这种仇恨错误地发泄在员工、护士、其他孩子或是我的身上呢?他会不会突然决定要逃走呢?他心中累积了那么深厚的恐惧和仇恨,会不会让他做出什么不可收拾的事情呢?他有没有想过一旦踏出这个地方,他可能就无法控制住自己杀人的欲望呢?

这些问题不停地在我脑海中打转,可是我真的不知道答案会是什么。除了这种不确定的感觉外,我也不太敢和员工们讲太多有关凯文内心的这些想法和计划,再说我也没有证据可以证明这一切。在他们的眼中,凯文的问题是很单纯的,就是开口讲话的问题而已,就算是把凯文的画拿去给他们看,那也不能证明什么。这件事情令我感到非常困扰,有时候实在受不了那种沉重的压力,我真的很想跑到街上放声大叫。

十二月很快接近尾声。在这一整个月中,我变得异常谨慎和小心,更随时注意着凯文的一举一动,同时也设法对整个情况做出某种程度的控制。这种情况演变到最后有点像是在骑一匹脱缰的野马,一方面害怕摔下来,一方面又爱上了这种紧张刺激的感觉。

在厚重的积雪和冰冻的气温中,一月份来临了。当我上完凯文的课程回到诊所办公室时,发现杰夫无力地把头垂在双膝之间。他是我的同事,也是位心理医生。

"你在干什么?"我问他。

"我的头痛得快要爆炸了,我现在正把所有的血液都集中到我的大脑上,希望能够赶快把头痛赶走。"

"亏你还是个医生呢?老天啊,救救我们吧!吞一粒阿司匹林不就好了吗?我那里还有一些,我去拿给你吧。"

我脱掉笨重的外套,从抽屉中拿出一个罐子。这东西已经在我的抽屉中摆了好一段时间了,打开盖子时还会闻到一股酸味。"拿去吧。"我对他说。

他还是把头垂得低低的。"我可不想污染我的身体。"他答道。

"拿去,杰夫。"杰夫的那套说辞永远都说服不了我的。

"我只是太过疲劳而已,没有什么大不了的。"他站了起来,从我的手中接过阿司匹林,"昨晚在医院里我几乎一整晚都没有合眼。"

"我去帮你倒杯水。"当我拿着水回来时,发现杰夫已经把阿司匹林压成粉末。在我认识的医生当中,他是唯一一个不会吞药丸的医生。

那天晚上,当我躺在温暖的被窝中快要入睡的时候,电话铃声响了起来。那是医院打来的电话,说杰夫正在发高烧没办法到医院来,问我能不能去代他的班。别无选择,我只好拖着一身的疲惫下床,一看时间已经是晚上十点半了,我换好衣服后便赶到医院。我在医院一直待到早上八点三十分才离开。离开医院后,我先回到我的办公室交代了一些事情,然后又打电话到盖尔收容中心请了假,便直接回家睡觉。

隔天我到收容中心的时候,凯文已经在那个小房间等我了。他的脸颊贴在窗户玻璃上,双唇紧抿,满脸愠色。知道我进去了,他既不回头也不说话。

我把置物盒放在桌子上。

"你昨天到哪里去了?"

"黛安不是已经告诉你了吗?"我说,"昨天晚上我必须待在医院里。难道黛安没有告诉你吗?"

他点了点头,然后慢慢地转过头来看着我:"可是那是晚上啊。那为什么你昨天早上没有来呢?"

"因为我太累了。我在医院里熬了一夜,所以早上我就回家睡觉了。"

"可是你可以先过来这里啊。"

"我当时真的太累了，已经累到没有力气和精神再做任何事情。"

"但是你可以来的，那只不过是一个小时的时间而已，又不像在医院那样要一整个晚上或是一整天的时间那么长。"

"我很抱歉，凯文，可是要我硬撑那么长的时间不睡觉，不但我会受不了，而且对我的身体也不好。我真的需要睡眠。"

凯文转过身去望着窗外，不再说话。

我没有办法让他再开口和我说话。他只是闷闷不乐地坐在那里，不愿转过身来也不愿说话。于是我把手上的东西放在桌上，打开置物盒，拿出一本填字游戏的书，然后坐在桌边玩起填字游戏。大约玩了二十五分钟之后，我抬起头来，发现他也正注视着我。

"你准备要和我一起玩了吗？"我问。

他又转过身去。

我继续玩我的填字游戏。

"我昨天做了点东西要送给你。"他说。

我抬头看着他。看到我在看他，他马上又把头转过去望着窗外。

"我昨天做了东西要送给你，可是你却不在这里。"

"你要不要现在拿给我看呢？你有带来吗？"

他耸了耸肩。

"你在闹别扭，凯文。你在生气，因为我昨天没有来。我很抱歉，凯文，我在某些事上是太纵容你了，可是那样对你是不会有帮助的。"

他没有回答。我则继续玩我的填字游戏。

"时间快要到了。"他说。

"我知道。"

"你今天可以讲久一点吗？补你昨天没有来的份。"

我摇了摇头："这样你就无法上贾汀先生的课了，不是吗？我们不可以那样。"

一听到钥匙的声音在门上转动，凯文站了起来。他盯着我看了好一会儿。"你知道吗，"他说，"我真的非常不喜欢你。"

我早就预料到接下来的那几天事情会变得很不顺利。总之，那几天凯文一直都显得闷闷不乐。那天我比凯文早到那个房间，放下手中的东西就到窗户前面占位子，不让凯文再把这个地方当成他的避风港。我这个行为引起凯文的不悦，他在房间里来回踱着步，走到房间的另一个角落，然后回头盯着我。我伸手到盒子中拿出素描本并把它放在地上，然后又摸出一支铅笔来。

"来，画一些东西吧。"

凝视着我好一会儿后，他缓缓地走过来，蹲下拾起那本画本，手指轻轻地抚摸。他打开画册，握着铅笔，久久出神，然后抬头望着我。

"你要我画些什么？"他问。

"我不知道，"我轻轻耸了耸肩，"随便你画，你可以为自己打造一个世界。"

他还是一动也没动地望着我。

"我在你这个年纪的时候就常常那样做，常常给自己打造一个属于自己的世界。我不会画画，所以我都是用文字打造一个我喜欢的世界。我会写故事，一篇又一篇写个不停。你可以画画呀，我倒觉得用画画的方式更好，因为人们可以看到你的世界的模样。我很希望我有绘画的能力，因为这样人们就可以看到我眼中的世界是一个什么样的世界了。"

他还是盯着我的脸："你真的那样做吗？给自己打造一个属于自己的世界？"

我点了点头："真的，里面的人事物都非常齐备，一切都照着我的意思表达。"

"你现在还那样做吗？"

"有时候，我有时还是会为自己写一些小故事，那些都是我最好的作品，因为它们都是属于我的。"

一阵沉默之后，凯文说道："你知道有一些事情吗？"他又顿了一下，"一些我从来没有告诉过任何人的事情。"

"什么样的事情呢？"

"其实我也有一个我自己的世界，我一直都有，但是从来就没有把它画出来过，我一直把它藏在我的心里。"他微微地笑着，"在我的身体内还有另外一个男孩，我叫他布莱恩，布莱恩是个坚强的名字，只有坚强的男孩才配拥有它。凯文只是表面上那个愚蠢的男孩，里面那个伶俐的布莱恩才是真正的我。不过这件事情除了我之外没有任何人知道，没有人知道我的内在是很特别的，那是我私人的世界，就像你的一样。布莱恩是个秘密，我不想让任何人知道他的存在，因为他们不会相信，而且我也不要他们把布莱恩从我的身体带走。我不要和任何人分享这个秘密。"他瞟了我一眼，又继续说，"你的世界也是那个样子吗？"

"没错，非常像。"

"我以前从来没有向任何人讲过这件事。"

我微微地笑着。

"可是你一直都知道的，是不是？你什么事情都知道，对不对？"

我笑着摇摇头："不，不见得。其实每一个人的内心都有一个属于他们自己的私人世界，每个人都是如此的。"

"你不会把这件事说出去吧，不会把这件事写在那个记录本里吧？这是我们两个人的秘密，对不对？"

"对，这是我们的秘密。"

他友善地对我笑了笑说："其实我并不在意你知道这些事情，高兴的话，你甚至还可以叫我布莱恩，就当作我们是在我的私人世界里，就当我不是凯文。你认为你可以做得到吗？"

我点了点头。

"好吧，那现在就叫我，现在叫我布莱恩，好吗？我想要听你叫我布莱恩。"

"好的，布莱恩，我会这样叫你的。"

对于事情的顺利发展我觉得很开心，殊不知自己其实天真得近乎愚蠢，真正的暗流都还没有到来，我却以为它已经过去了。好戏还在后头呢。

眼看时间已经不多了，我说："时间快到了，凯文。"我心中期望他能够要求延长上课的时间，但是他没有。

他停下画笔，微笑地对我说："你知道吗？我真的很高兴能够来这里。"

"很好，我也很高兴你会喜欢来这里。"

"在这里的日子比我过去任何一天都还要好。"他边说边走到另一边的垃圾筒去丢纸，当他走到一半的时候，有个东西从他的长裤口袋中掉了出来。那个长长的东西被一张褐色纸张包裹着。

一发觉东西掉了出来，凯文马上停下了脚步，然后弯腰捡起来放回口袋中。

"那是什么东西？"我问。

"没什么，只是个不重要的东西罢了！"

"到底是什么东西？"我起身走了过去。

凯文把它拿出来放在手掌上。我看得出来他并不想让我看那个东西，不过在那同时，我注意到他露出一种神秘的微笑。

"这是我做的东西。"他说话的声音中透露着一股骄傲，"你想不想看看？"

我点了点头。

他小心翼翼地打开那张纸。从他那种小心的程度我可以看得出来那绝对是某种他非常心爱的东西。那个东西大约有八寸长，一端尖尖的，另一端圆圆的。

"是一把刀子。"凯文好似在对一个婴儿讲话，他轻轻地说着，"我从我的床上拆下一块金属片，然后把它做成了一把刀子。在电视室的墙壁上有砖块，我就是在那些砖块上磨的。看，我把它磨得非常锋利，锋利到可以砍断任何东西。"他拿着刀背对着我的手臂，然后抓起我的手，用刀尖在我的手臂内侧轻轻拖过。细细的血粒从我手臂的刮痕中渗了出来。

"是的，我看到了。"我忙将手臂缩了回来。

那抹诡异的微笑依然在他的唇间荡漾。我突然怀疑自己这段时间以来是不是在养虎为患。早先我那么一心要解开他内心的恐惧，却怎么也没有想到那股恐惧消失后，现在的他竟然可以拿着刀子在我手臂上做试验，同时嘴上还冷冷地挂着微笑。

凯文举起那把刀子检视锋利的刀刃，口中还不停地说着："我一定要宰了那个家伙。现在你要做的是教我如何能离开这个地方。当我离开了这个地方之后，我发誓绝对要把那个家伙剁成碎片。"

他必定感觉到我准备要出言反对，于是他转身走到我的面前，举起那把刀子抵住我的下巴。那股诡异的微笑又出现了："还记得我们刚才约定的秘密吗？"

"记得。"我心中有种强烈的被利用的感觉。

"现在你又多知道一个秘密了。你不会把我做刀子这件事说出去吧？"这不是在问问题，这根本就是一种威胁。

"我干吗要说出去呢？"

一阵冷笑之后，他把刀子抽离我的下巴，然后轻轻地抚摸着它，检查了一下刀尖和刀口："这把刀子很棒、很锋利，用它来杀掉一个人实在是易如反掌。"

"凯文，把刀子给我，我替你保管。"我说，"你不可以留着这把刀子，他们会发现的。"

"我一直都留着它的，我把它藏在一个很隐秘的地方，他们永远不会知道的。"

"哦，他们会的，他们迟早会知道的，到时候他们会把它交给我，就像上次那张画一样，你还记得吗？"

他看了看我："你拿走以后就不会还给我了。"

"我为什么要那样做呢？我当然会还给你的，请你务必相信我。我发誓绝对不会让他们从我的手中拿走它的。"

"你保证不会。"

"我保证。现在，给我吧。我保证来上课的时候一定把它带来。让我帮你保管。"

他又仔仔细细地检查着那把刀子，放在手中把玩着，试试它的锋利度。他说的没错，那的确是一把可以轻易取人命的利器。一再把玩之后，他又拿着那把刀子抵住我的下巴："我真的认为自己能够杀人，而且甚至会以此为乐。"

"凯文，这把刀子做得很好，我也很喜欢它。不过，我觉得还是让我来替你保管，免得到时候被他们没收了。我们都不希望看到这种事情发生的，不是吗？"

他还是站在那里犹豫不决。我则不再多说什么，害怕自己表现得太过心急反而会坏事。这时明亮的阳光从我们背后的窗户照了进来，看起来不像是凛冽寒冬中的阳光，反倒有点像是五月的阳光。

"拿去。"凯文终于把刀子交到我的手上，"你先帮我保管。我信得过你。"那抹诡异的微笑悄悄地在他的脸上漾了开来。

第9章

三角关系

自从杰夫加入之后,凯文就未曾提起过那把刀子。他还忘了他的素描本,也忘了他的继父。相对的,他和杰夫热烈地打成一片,杰夫教凯文玩大富翁和五子棋,然后两个人联合起来轮流围攻我,因为这两种游戏我都不太会玩。杰夫还会和凯文讨论一些属于男人的事情:胡子、食物和女孩。

我的思考陷入了停滞状态。其实我心里早该有数,只是我不愿承认罢了,凯文是一个城府很深的愤怒男孩。在我的工作领域中,我曾遇见到无数暴力型的孩子,所以被孩子们踢、打或威胁等情况,我早已司空见惯,可是凯文的情况不一样。我从来不曾怕过任何一个孩子,可是凯文的确让我感到很害怕,他让我感到毛骨悚然。

第二天到收容中心给凯文上课时,我将那把刀子放在我大衣的口袋里。凯文一见到我,开口第一句话就是问那把刀子。我把它拿出来给他看。只见他细细检查着，试了试它的锋利度，一切都满意之后，他的脸上泛起一阵微笑，就是那种诡异的微笑让我感到不寒而栗。虽然那种笑容看起来是那么天真无邪，但是我们两个人心里都清楚，那完全是一种笑里藏刀。凯文把刀子还给我，然后就好像什么事情都没有发生过一样，好像那把刀子根本不存在一般，我们继续做着平常上课时所做的一些事情。凯文的心情一直都显得十分愉快，而且配合度也非常高。真的令人难以置信，才短短几个月，他竟然让我看到了他的多面性。

上完课之后，我到办公室去做例行的上课进度记录。我必须在凯文的记录上写一些比较确定的字眼。坐定之后，我打开凯文的档案开始写道："我非常担心凯文，我认为他是一个……"一个什么呢？危险吗？这个孩子利用床板的金属片制成了一把刀子？这个孩子画了一幅预谋杀人的画？我能够写这些吗？写出来后又如何呢？如果他们看到我写的评语，他们会采取什么样的行动呢？凯文现在都已经在收容中心了，他还能够被送到哪里去呢？会被送到安全单位吗？还是被送到监狱中去呢？他们会不会认为他疯了？还是认为他又疯又暴力？

我真的不知道。由于这个档案中还有其他人写的记录，不能够撕掉，我只好写写涂涂的。一阵长时间的思考之后我终于拿起笔来写：在治疗课程中出现暴力行为的倾向，要仔细观察，注意安全的问题。

在苦思不出一个好办法的情况下，我向诊所主任罗森道医生求助，把我心中的忧虑一五一十地告诉他。我们详细讨论凯文的情况，包括他先前的恐惧、他突然的改变、他的无法言语以及他突然的复原。倾吐完之后，我顿时觉得轻松了许多。我的心中感受到一种非常强烈的危机意识，因为我知道一旦我就此放弃，就再也没有人可以接替我的位置。但现在的问题是凯文成长速度之快，已经到了我无法控制甚至反而被他控制的地步了。

经过一番长长的讨论之后，罗森道医生咬着烟斗往椅子上一靠，研究了我好一阵子之后问我当初为什么要介入这个案子？要到什么样的程度我才会觉得充实满意？我是否曾经问过自己这些问题？

"有的，我时常问自己这些问题，但是我找不到答案，因为这个问题实在太复杂。"我回答他。然后我看到他继续沉默不语地吐着烟雾并且仔细地凝视着我。他的眼光让我迷失在我自己的思绪中。

"挑战，让我介入这件案子的最主要原因是那种挑战性。"我注视着他说道。

最后，在一阵思考后他提出了一个建议。他问我是不是可以考虑请杰夫加入我的阵容一段时间。杰夫是这方面的专业人士，可以以实际的经验给我帮助；再者，万一碰到最坏的情况发生时，以他壮硕的身材，要应付那个孩子，相信是绰绰有余的。

于是我询问杰夫的意见，杰夫表示非常乐意。我很清楚凯文的特别对杰夫也会是一大挑战，但是我也相信杰夫会很乐意接受这样的挑战。他的积极投入让我有种如释重负的感觉。经过一番调整，我们决定平分工作，这样我也不用每个星期花五个小时的时间在盖尔收容中心了。我们在工作上具有绝对的互补作用。除此之外，我也认为借着这个绝佳的机会，凯文可以认识一个温文和善的男人，一个不会动手打他或是虐待他的男人，这对他来说是非常好的一件事。

不幸的是，凯文可不认为这是个好主意。为此他还大发雷霆。

"你要带另外一个人来这里？你这是什么意思？你要带另一个人来这里？为什么？怎么可以？"

"杰夫是我的同事，凯文。我们的工作内容差不多相同。我只是在想，能够再加入一个人也许会是一个很好的转变。"

凯文在房间中来来回回地踱着步。踱到远处角落的时候他停了下来，然后转身望着我："你问过我了吗？你是否问过我对这种安排的感觉？问过我是否会觉得那样真的比较好？没有，没有，你没有。你甚至没有想过我会有什么感觉。没有人问过我，没有人会问我对任何事情的看法或意见。"

他走到窗户旁，把头靠在窗棂上。"这是我的地方。"他轻柔地说道，呼出的热气把玻璃蒸出一片雾气。"这是我个人的地方，"他转过身来对着我，"而现在你竟然要毁了它。"

"它还是你的地方，这是绝对不会改变的，杰夫也不会去改变这个事实。"

"会，他会改变这个事实。我再也不能和你说话了，我再也不能像以前那样地和你说话了,因为他会在这里,他会听到我说的话,我不要他听到我说话的内容。"

"杰夫不会改变任何现状,凯文。他就像我一样,是个很好的谈话对象,到时候你就会明白的。"

凯文微弱地叹了一口气后又开始在房间里踱起步来,只是这次他的速度放得比较慢。最后他在我身旁的地板上坐了下来。他沉默不语,自顾自地拉着袖子上的线。看着他,我真的不知道该怎么办才好。突然间我的心中不禁难过起来。他的这一生一直是个悲剧。我们的生命可以有很多选择,而他呢?他的整个世界就在门锁后面这个小小的空间里。

凯文张开手臂,在地板上躺了下来。我看不到他的脸,不过却可以看到他的手指来回刮着地板。

"桃莉?"凯文把脸转了过来。

"什么事?"

"他为什么要来?"

"我需要帮手。我要确定我做的每一件事都对你有好处,以便将来你也许有机会可以离开这个地方。可是我不确定靠我自己一个人的力量,我是否有办法把所有的事情都做好。"

"我是不是做错了什么事?"

我没有回答。凯文依旧躺在地板上,眼睛出神地凝视着某个地方。

"桃莉,我可以问你别的事情吗?"

"当然可以。"

"你喜欢我吗?"

"我当然喜欢你,凯文。"

"我只是不确定。你知道的,有时候我会闭上眼睛,那样我就什么都看不见,也看不见我自己在什么地方。然后我会假装自己是一个人,一个真人。不知道你是不是有时候也会那样,不知道是不是那样你就会喜欢我。"

"我就喜欢原来的你,凯文,而且你本来就是一个真人。"

"不,我不是。我的意思是指一个真正活生生的人。有一个人是真的,但不是这个,不是,不在这里。"

杰夫刚加入我们阵容的最初几堂课,我们上课的情况简直糟透了。凯文愤怒又不肯合作,他拒绝和杰夫讲话,甚至拒绝看他,不过他最生气的人应该是我。在那段期间我们两人的关系变得很不寻常,现在已经不是我要不要进入他的世界的问题,而是他要不要让我进入他的世界的问题了。决定要和我开口说话的是他,决定要让我分享他的秘密的也是他,他早已把我当成是他自己的一部分,并且相信我不会做出他所不愿意的事情来。我把杰夫带进来,让他觉得我背叛了他。在这种没有选择的情况下,他被迫必须去看我们的真面目——心理治疗师的真实面目。凯文和我在这个小小的白色房间中所建立起来的世界,现在完全被打碎了。

在经过那段长时间的治疗之后，现在再碰到什么解决不了的问题，他也不会再钻到桌子底下躲起来。如此，也让此刻的凯文显得赤裸裸，他得花上几天的时间来适应我和杰夫的同时存在。显然他调适得并不好，我们只好回到那间装有单面玻璃的治疗室。这件事显然瞒不过凯文，他知道杰夫就在那片玻璃的后面。他知道我和他一样不喜欢那个房间，现在我之所以会再回来使用，主要是为了要配合杰夫。所以这件事让他更加生气。这一切的情况好似又回到了原点。

只要杰夫一出现在现场，凯文马上就退缩，不吐一个字，不说一句话。我们继续在室内上课，一开始我和凯文就像往常一样，做我们平常做的一些事情。后来，我慢慢地对着那面单面玻璃大叫，拿着我们的填字游戏本或是其他的书籍和镜后的杰夫交谈起来，而杰夫也总是尖叫着回答我。凯文从不加入我们这种尖叫的阵容，不过后来他也会画或写一些东西要我传给杰夫看。这种情形持续了好几个星期，直到一月份快结束的时候情况才有所好转，杰夫终于可以偶尔进来加入我们的课程了。凯文还是不和杰夫说话，不过已经可以在他的面前和我说话，而且他也愿意让杰夫对他说话，只是他从来不回答。

我们三个人的课堂就一直处在这种停滞不前的状况中。有一天，凯文突然又改变了。那是二月的中旬，凯文对杰夫先前那种不信任的态度，竟然在一夕之间完全消失。他竟然热切地期待着杰夫的出现，拖着他不停地和他讲话。他的态度突然变得非常的迷人可爱，好像杰夫是他多年未见的老友。凯文对我的态度也不再那么冷淡，不过对杰夫尤其热情。

这个突如其来的改变让我百思不得其解，就像十一月份时他对恐惧的突然改变以及一月份时他对憎恨心态的突然改变一样，都让我抓不到头绪。总之，不管原因为何，凯文已经改变了。他变得越来越友善也越来越活泼，还和杰夫称兄道弟，同时他好像也忘记了那把刀子的事情，自从杰夫加入之后，凯文就未曾提起过那把刀子。他还忘了他的素描本，也忘了他的继父。相对的，他和杰夫热烈地打成一片，杰夫教凯文玩大富翁和五子棋，然后两个人联合起来轮流围攻我，因为这两种游戏我都不太会玩。杰夫还会和凯文讨论一些属于男人的事情：胡子、食物和女孩。

在他们两人的世界里，我是被忽略的，有时我甚至无法介入他们的谈话。而当他们注意到我的时候，两人总是站在同一条阵线上，联合起来对付我。他们两人会玩起一种"打败桃莉"的游戏，看看谁先打败我。凯文为了要在很短的时间内打败我，总是出手狠毒，在五步之内就把我逼到无路可退。

这段时间里，由于我常被排除在他们两人的世界之外，我有很多的机会可以坐在一旁好好地观察凯文的一举一动。此时我才发现他复杂的性格。在我们相处的这五个月里，他完完全全地变成了另外一个人。我教过那么多的孩子，却从未见过其他任何的孩子会发生如此巨大的改变。我不相信凯文具有多重人格，在我的感觉里，这些改变他应该是有能力控制的。

经过几个星期的观察后，我的心越来越不安。回到诊所的办公室，我向杰夫提起这件事情，我觉得凯文不太对劲，但是我又说不上来哪里不对劲。每当我提起这件事，但又说不出个所以然时，杰夫就会笑着摇摇头，认为我根本就是在吃醋。

虽然我还是不安了好一阵子，但是慢慢地我越来越清楚杰夫是对的——我是在吃醋。凯文似乎很快就和杰夫非常熟络起来。我花了那么多的工夫在这个孩子身上，没想到杰夫才来没几天就取代了我在凯文心目中的地位。有时候看到他们两人的世界中没我存在的空间时，我会感到很难过。我不得不承认——也许杰夫在这一点上的看法是对的。

凯文进步的速度达到令人惊奇的程度。也许是因为认识了杰夫这个风趣、有爱心又修养良好的男人的缘故吧，他从杰夫的身上学到了很多我无法教他的东西。此时的凯文就像是一只正在学飞的小鸟，努力鼓动他的翅膀准备往天际展翅高飞。这个世界好像在一夕之间为他鲜活了起来。他迫不及待地想要知道一切事情。外面是怎样的世界？外面的街头是怎样一幅景象？雪是怎样形成的？我这样的女孩是在怎样的环境下培养出来的？为什么我在害怕的时候肚子看起来那么好笑？印度在哪里？我有没有去过印度？那个地方有没有大象？雨林是什么样子？我觉不觉得那个新来的助理琳达很漂亮?……在那个小小的白色教室中,凯文手上拿着书本,不停地来回于我和杰夫之间,不停地提出问题。他的神奇改变和神速进展,吓坏了黛安和所有的员工。

现在唯一无法解决的就是凯文的卫生和衣服问题。我早已经习惯了凯文不洗澡所散发出来的臭味,不过我倒是有些讶异杰夫竟然也忍受得了。有了杰夫的加入,这些问题就好办多了。杰夫硬把凯文拖到淋浴喷头下,剥光他的衣服,帮他好好地洗了一个澡,凯文竟然没有反抗。

我和杰夫找了一个晚上一起出去为凯文买了一些衣服。第二天,杰夫还把他的理发师带到盖尔中心帮凯文修剪头发。经过这一番门面大整理之后,凯文整个人焕然一新。

"他还是有点丑。"杰夫低声地对我说。

"我倒觉得他看起来还不错。"

杰夫看了一看,嘴角扬起一丝笑意:"嗯,没错,是不难看。"

一个星期之后,也就是三月中旬的时候,杰夫和我决定把我们的工作重新分配一下。在杰夫加入的这两个月里,我们还是跟以往一样每个星期去见凯文五次,这样的工作量对我们两人来说都太大了,于是我们决定把上课的时间改成一个星期三次。星期一由杰夫负责,星期三由我负责,星期五则我们两人一起去见凯文。

凯文知道这个变动时,显得有些无法接受,我们花费了一番唇舌进行解释后,他点了点头表示接受了。这让我第一次体会到这一段时间的治疗课程真的让他成长不少,也许再过几个月之后,他就再也不需要我们了。

有一天晚上,我利用下班后空余的时间来到收容中心,因为我先前答应凯文要帮他看学校的作业。于是我们就在那间小小的房间地板上画起美国地图来。

"凯文,你知道我现在很想做什么吗?"我问。

"什么?"

"我需要一杯热巧克力。"

"嗯,好的。"他专心地画着他的地图,头一动也没动地回答着。

"我们现在就去弄一些来喝喝吧。"

凯文突然抬起头来看着我说:"你在说什么呀?现在又不是用餐时间,厨师不会让你进厨房的。这里有这样的规定。"

"我并不需要到厨房去啊。每次我来这里的时候,都会经过一家商店,那家商店就在下面的马路上,他们卖热巧克力,我们可以去那里买啊。"

凯文精神一振,眼睛眯了起来:"我不懂你的意思。"

"我的意思是说,我们可以到路边那家商店买热巧克力喝。"

他还是眯着眼睛。一会儿之后他摇了摇头:"我不行,我没有绿色通行证。我们必须要有绿色通行证才可以出去的。"

"没有关系的,你和我在一起啊。如果他们知道是我带你出去的，他们就不会在意的。"

我可以看到他的眼中透露着恐惧，但是他又不愿告诉我那份恐惧到底是什么，只是一味找借口不想出去。

"外面太冷了。"他一边说一边又弯下身去画他的画。

"不会，外面不会冷。我刚刚从外面进来，今天晚上的夜色很棒。"

"那个地方太远了。"

"过两条街就到了。走啦，想想看，热热的巧克力就在那里等着我们呢。"

"外面太暗了。"

"到处都有路灯呀。"

"可是路上可能很滑，我们可能会滑倒的。"

"有这个可能。不过我们小心一点就好啦。"

凯文的神情越来紧张，他抬头瞄了我一眼："我没有外套穿，我也没有鞋子穿。"

"我相信员工们可以为你解决这个问题。"此时我已经站了起来。

凯文还是坐在地上不动，他的双肩微微下垂。我可以看得出来他已经找不到什么借口了。"你知道吗？"他盯着手指，缓缓地说。

"知道什么？"

"我已经很久没有出去过了。"

"这个我知道。"

"我不想出去。"

"这个我也知道。"

"那我们就不要出去,好吗,桃莉?"

我摇了摇头。他停下手中的工作,"我……"话还没有出口他就深深地叹了口气。

我在他对面跪了下来:"凯文,相信我,给我一个机会,好吗?"

沉默犹如烟雾般缓缓在我们之间升了起来。我不确定凯文是否能突破这个瓶颈。

我轻轻摸了摸他的手。他的手指是那么冰冷。"那是什么感觉,凯文?它让你的内心产生了什么样的感觉?"我问。

他耸了耸肩。

"恐惧的感觉是怎样的?"我真的无法想象那会是怎么样的一种感受。

他深深地叹了一口气之后,眼泪有如断了线的珍珠般不停地往下掉。

他又耸了耸肩:"我也不知道。我就是很害怕。"

"害怕什么呢?"

"我不知道。"

无语的感觉让人感到很不舒服,就好像在泥泞中游泳一样,教人忍不住想要赶快挣脱出来。

"我时常在想，"他的眼睛盯着地毯，开始缓缓地说着，"我时常在想，为什么有人会痛恨其他的人？他们到底做了些什么事，让人们那么痛恨他们？又该怎么做才可以让人们不再对他们继续痛恨下去呢？"

"我小的时候也有过那种书，就是那里面有许多小猫咪的书，那是我的外婆给我的，她知道我很喜欢猫咪。然后……"他又沉默了好一会儿之后才又继续说道，"然后，有一次我从外面回去，就再也找不到那本书了。"

他抬头看着我："当有人痛恨你的时候，他们就会做出一些事情来伤害你。你永远不知道那些事情会在什么时候发生，但是只要有人痛恨你，事情就一定会发生。"

天啊，我不禁想着，如果换成是我，我也会害怕出去的。

第10章

重获自由

> 看着他们两人认真的样子,我的眼泪差点夺眶而出。室内的音乐悠扬,春天暖和的阳光从窗户投射进来,再加上他们两人认真投入的神情,构成了一幕美丽动人的画面,让人感动得不知该如何来形容,真希望时间永远停留在这一刻,永远不要结束。

最后,我们还是没能如愿去那家商店喝热巧克力。不过,那个晚上之后的某天,我们还是找机会去了。连续好几天我都在下班后过去帮凯文画那张地图,在地图完成的那个晚上,凯文知道时候到了,因此当我说我口渴时,他二话不说便走到门边。

我向中心的员工报告之后,便带着凯文来到街上。冷冽的空气中飘着我们吐出的白雾。

"我以前从来没有在晚上出来过,"凯文的声音听起来小心翼翼的,"至少在我的记忆中没有过。"

"其实晚上是很美的,有时我会觉得它比白天还要美。我很喜欢夜晚的感觉。"

"我不喜欢,晚上一片黑压压的,你根本看不到前面有些什么东西。"

走进那家商店后,我发现里面还有不少客人,大部分都是青少年,围着点唱机在选择他们喜欢的歌曲。我们选了里面的一张桌子坐了下来。凯文显得有些拘束,口中老是念念有词地不知在说些什么。

"我从来没有出来过。自从我上次出来到现在已经快四年了。自从我来到盖尔收容中心后,我就没有出来过。三年,六个月,两个星期,再加上一天。我待在里面有那么久了。"

"你还好吗?"

他慢慢地点了点头。

"那么你要点什么呢?热巧克力?"

"我要热巧克力。"

"你坐一下,我马上就回来。"我站起来走到柜台去点东西。当我端着我们的饮料回到座位时,发现凯文已经不见了。

"凯文?"我四处张望着,"凯文?"

凯文早已躲到桌子底下去了。

"凯文!你在桌子底下做什么呢?赶快出来,出来坐好。"

"我不行。"他难过地说。

我听得一头雾水,抬头四处张望了一番,看看是否有人注意到凯文躲在桌子底下，似乎没有人发现这种事情。我劝了他半天，他还是不愿出来。无计可施的情况下，我只好坐下来自顾自地喝起我的热巧克力来。我们就这样默默地僵持着。我们就在那里从七点半耗到商店即将打烊，一次又一次地听着那张唱片，早已不记得总共听了多少次了。

"凯文，你在下面还好吗？"我轻轻地问他，并且告诉他我已经喝了四杯热巧克力了，再喝下去我的肚子就要涨破了。

他动了一动，但没有回答。我知道他在哭，而我也只能耐心地等着。现在我该怎么办才好呢？打电话给杰夫吗？或者打电话给中心的助理？还是我干脆就到桌子底下去把他给拖出来呢？

我想我最大的忧虑是这样做会让他在别人面前出丑。我并无意伤害凯文非常努力才保住的那一点点自尊。他一定鼓起了很大的勇气才能够跟我到这里来，没想到我这样做反而弄巧成拙。我无意羞辱他，但是我执意要他出来的这个动机，事实上已经羞辱他了。

现在，我们该怎么办才好？时间已经很晚了，再过一个小时商店就要打烊了，我除了感到很丢脸之外，也因为想不到解决办法而觉得十分沮丧。我们应该可以想出办法来化解这个窘境的。

"凯文？你平静一点没有？"我一面弯下腰和他说话，一面假装绑鞋带，"他们十一点就打烊，我们必须在十一点之前离开这里。"

凯文还是没有回答。我也只能继续点饮料喝。

十点十五分。我又弯下腰去和他说话："凯文？我要离开一下，好吗？我喝了整个晚上的饮料，我实在受不了了，我得去一趟洗手间，但是我很快就会回来的。"

我并非刻意要骗他，我是真的需要上洗手间，但是我也必须去打个电话。

"杰夫？"我把声音压得很低，因为我不想让凯文听到，也不想让后面那些青少年听到。"现在我该怎么办才好，杰夫？"

他也想不出好的方法。不过让我感到很欣慰的是他没有在电话里笑我。从洗手间出来后，我心想，现在我唯一能做的也只有等他自愿走出桌子底下这一个办法了。

"凯文，我们只剩下十五分钟了。再过十五分钟之后，站在那边的那个人就要把店门关上了，到时候你如果还不出来的话，我只好去跟那个人讲，那我们可就有麻烦了。你听到我说的话了吗？"

依旧没有回音。

我的脚在桌子底下到处摸索着他的身体，我轻轻踢了踢他："你听到我说话吗？"

"我听到了。"他细声回答。

"很好，你仔细听好，现在我要站起来走到那台点唱机那里点一首歌，你可以趁那个时候赶快出来，没有人会看见的。"

我走了过去，慢慢地、一首一首地看着歌单，然后选了一首猫王的歌曲。当我走回到位子上的时候，发现凯文还没有出来。

"我还以为你已经出来了呢，"我轻声说着，"凯文，现在你一定要出来。"

"好啦，好啦，再给我一次机会嘛。"

"你要我再离开一次吗？"

"是的。"

于是我又站了起来，又走到点唱机的地方，又一首首地看着歌单。此时整个店里除了那个店员以外，就只剩凯文和我两个顾客了。我猜他一定一头雾水看不懂我们两人到底在搞什么鬼。我站在点唱机旁边好一会儿，然后又点了另一首歌。

"我们马上就要打烊了。"那个店员对我喊道。我向他点点头表示我知道。

回到桌旁，我发现凯文已经出来了，他整个脸颊涨得红通通的，双手紧紧地掩着脸。我有一种如释重负的感觉，真想过去抱抱他，不过我没有那样做，只是摸了摸他的脸。

他还在哭泣，还在掉眼泪。

"我们走吧。"我说。

"我把裤子尿湿了。"他抽噎着说。

"没有关系的，起来，我们离开这里吧。快点，我们走了。"我站了起来，伸手过去抓住他的手臂，执意把他拉出店外。

在回家的路上，凯文还是不停地哽咽着。我猜他应该是为了尿湿裤子的事才会哭得这么凄惨。

"你看，我们最后还是熬过来了，对不对。虽然我们差点就熬不过去了，可是我们还是做到了，对不对？"我趁着等警卫开门让我们进收容中心的时候对凯文说。

他一边掉着泪一边点着头。

回到凯文的房间，我从他的枕头下抽出他的睡衣："来，换上这一件，没有人会知道你尿裤子的事情，对不对？我到门外去帮你看着门，现在你赶快把衣服换上，我待会儿再进来。"

当我再回到他的房间时，凯文已经躲在被窝底下了，他的裤子也扔进了洗衣袋中。

我来到他的床边："那么，你觉得如何呢？我们做到了，对不对？我终于把你带出去了。"

"那种感觉实在太可怕了。"他说。

"呃，没错，的确不是很完美，可是我们真的做到了。你不能期待它的结果很完美，毕竟三年半将近四年的时间可不是短时间哦。"

凯文点了点头。

"可是我们做到了。"

"那个店员也许会觉得我们两个人是疯子呢！"

"有可能，"我微笑着回应他的话，"你能够想象他的心中会怎么想吗？你知道我一共喝了四杯热巧克力、两杯可乐，吃了三份薯条吗？我把身上的钱都花光了。"

凯文又点了点头。

"还有，我算过，那些歌我来回一共听了不下十次，我猜那些歌词我这辈子大概都忘不掉了。"

"我也是。"凯文说，"我有一个梦想……要唱一首歌……"他突然唱起那首歌来。

我咯咯地笑了起来："我就那样在那里坐了三个小时，没有任何人进来，然后我们就突然冲了出去。我一直在想，也许他根本不知道你在他们店里呢，也许他还一头雾水不知道你是怎么进去的呢。我们可以把这个故事拍成电影，因为它实在太好笑了。"

"对，我们两人可以去主演那部电影，我就叫它'热巧克力的迷思'，或者我们可以给它取一个侦探片的片名，因为你老是在那里晃来晃去的，而我又不知道从哪里突然冒出来。"

"嗯，好主意。"

"我们一定要再去那家店坐坐，吓吓那个店员。"

"这个我可就不知道了。最好还是不要了，因为那时我的身上没有多少钱，所以我没有给他小费，我怕下次我们再去的时候，他会把我们赶出去。"

"那没有关系，因为我在桌子底下留了一摊尿给他。"

讲到最后我们两人都忍不住大笑起来。

日子不停地往前推移，温暖宜人的春天来临，赶走了严寒阴郁的冬日。在这个百花齐放的季节中，人也不禁感到神清气爽，身心舒畅了起来。

自从杰夫在早冬加入我和凯文的阵容后,整个情况真的有了很大的变化。有时候我们也会碰到凯文出现停滞不前的情形,或是他那仅剩的一丝恐惧又跑出来作祟的情况。但是,大体上而言,凯文的成长速度,真可以用突飞猛进来形容。谁都无法想象他就是数月之前喜欢躲在桌子底下的那个孩子。

我们现在经常带凯文出去。杰夫和我有时会在周末带他到一些他特别喜欢去的地方。凯文很喜欢去动物园,因为在那里他可以看到他最喜欢的海豹。他的零用钱本来就不多,但是每次去动物园,他总会把身上的钱都花光,去买一包又一包的饲料喂鱼。不过他最喜欢去的地方却是惊奇乐园,这一点倒是让我感到有些不解。凯文的恐惧虽然已经几乎都消失了,但还不至于有足够的力量面对乐园中那些恐怖的设计,再说乐园的门票也不便宜,我甚至会觉得那是一种浪费。一张门票可以搭里面的专车游玩十次,问题是凯文每次买了票之后都只是到处走走,从没有去走那些惊奇之旅。每次为了买那张门票,导致他到最后连买棉花糖的钱都没有。尽管如此,惊奇乐园一直都是他最喜欢的最后一站。我心里不禁想,也许是凯文知道杰夫和我喜欢来这里玩惊奇之旅,他想做一件让我们高兴的事,而这就是他唯一能够真心为我们做的事。

终于,凯文必须离开盖尔中心的时间到了。到九月他就满十七岁了,已经超过盖尔收容中心的法定限制年龄两岁,黛安和所有的员工，都没有办法把凯文留在中心，必须在短时间内把他送走。

黛安非常努力地在为凯文找寄养家庭，如果找不到寄养家庭，那么就帮凯文找一个有相同年纪的孩子可以互动的团体之家。凯文也意识到这是他人生的重要一步，因而显得特别珍惜这样的机会，不停地编织着自己未来的美梦。

由于大家都有心理准备，因此当五月中旬分离的时刻到来时，我们都能够以平静的心态面对。那个星期五的早上，黛安一大早就在收容中心的门口等待杰夫和我，她脸上堆满了灿烂的笑容，我们也被她愉快的神情感染了。黛安真是个漂亮的女人，尤其是她笑起来的时候。

黛安在贝拉方登帮凯文找到了一处非常不错的家园。位于贝拉方登郊区的那个团体之家只收容七名孩子。它事实上是一座小型的农场，拥有二十五公顷的土地，自种果蔬供应给当地的市场。此外，他们还养有不少的牛、羊、猪、马等动物。那个团体之家一直都有非常好的声誉，尤其是在教育问题孩子方面。老实说，当黛安告诉我她帮凯文申请到了这个理想的家园时，我真的不敢相信凯文在那个月底就会去那个团体之家。

凯文当然也非常高兴，当我们三人一走进那间小小的白色房间时，他马上兴奋地跳上桌子手舞足蹈起来。"我自由了，"他使尽全身力气大喊着，"我有家了，我自由了。"

凯文未来的人生将会有很大的改变，杰夫和我也都向他解释过这个问题，要他做好心理准备来面对未来可能发生的任何事情。结束的日子终于到来了，我们的课程终于要画上句号了。离开盖尔收容中心后，我们就很难像现在这般和他见面了，不管在未来的日子里他需要什么，我或是杰夫都不会再陪伴在他的身边了。

当谈到这件事情时，我可以看出凯文流露出来的不舍表情。他很难过要和我们分开，也很担心我们会把他给忘了。不过这种忧伤情绪稍纵即逝，他的整个心都已经飞到未来即将面对的新生活及新人生上，而杰夫和我只不过是属于过去的一部分。

五月二十七日是我们最后的一次课程。杰夫、凯文和我在那个小小的房间中举行了一个小小的派对。杰夫带了唱片机、唱片和吉他，我则带来了一些饼干和蛋糕，然后三人便热热闹闹地庆祝了一番。高兴之余，凯文索性躺在地上吃起蛋糕来，杰夫坐在桌上弹着吉他，我则靠着桌脚坐在地板上。这时我的脑海中突然出现一个感觉，觉得我们就像三个无忧无虑的小孩，自在地唱歌跳舞。正当我和杰夫翩翩舞起华尔兹的时候，身后的凯文也拥着一个无形的人，随着我们的步伐舞动了起来，那种感觉真的很好。音乐结束，凯文还觉得意犹未尽，吵着要杰夫教他跳舞。

看着他们两人认真的样子，我的眼泪差点夺眶而出。室内的音乐悠扬，春天暖和的阳光从窗户投射进来，再加上他们两人认真投入的神情，构成了一幕美丽动人的画面，让人感动得不知该如何来形容，真希望时间永远停留在这一刻，永远不要结束。

第11章

再生变故

> 我觉得内心有种要哭的冲动，我不想听到杰夫对我说这样的话，我不想知道真正的问题到底出在哪里。最重要的是，我不想知道我过去内心中的质疑竟然会变成事实。

课程结束后，我便没有再回去过盖尔收容中心，只有偶尔透过电话向黛安询问一下凯文的近况。凯文在六月一日离开盖尔搬到贝拉方登。六月中旬，他参加了一项为期两个礼拜的特殊教育夏令营，显然他一切都适应得非常好。之后，我就不曾听到过他的消息了。我和我照顾过的孩子之间的关系一向如此——到头来终须一别，然后就从此音讯杳无。在治疗的过程中，由于我们彼此的关系是那么的亲密而紧张，因此一旦治疗结束，总是不太能够适应这种关系的改变。但是每个孩子都是这样，凯文也不例外。这是工作中不可避免的一面。

那年夏天的头两个月，我除了每天到诊所工作外，还在大学里兼任暑期的课程。我的时间似乎过得非常自在。学校的课程结束后，我休了一个月的假，一个人跑到英国的威尔斯去玩。

电话响的时候，我的脑袋还是一片混沌，分不清自己是在家中还是依然在大西洋的彼岸。我勉强撑起沉重的脑袋，完全分不清东西南北。外面日光明亮，是早上？下午？昨天？今天？还是明天？我摸索着抓起电话，却因为头脑未清醒而不知道要回答些什么。

是杰夫打来的。不过我现在没有心情和他说话。

"老天，杰夫，我才回来。你在这个时候打电话来干什么？现在到底几点了？"

"八点半。"

"哦，早上八点半还是晚上八点半？"

"早上八点半，我在诊所的办公室。"

我抬头望了一眼厨房墙上的钟。没错，时间是八点半。"杰夫，我今天不用上班，我的假期还没有结束，我要到星期一才会回去上班的。"

"这个我知道。"

"那么你打电话来到底想要干什么？"

"呃，"他叹了口气，"你还记得凯文吗？盖尔收容中心的那个凯文。"

"我当然记得。"

"他目前在莫坦森医院的精神科。"

这下子我可真的完全清醒过来了。有那么一会儿,我真的希望我不要醒过来,希望自己此刻还在威尔斯,希望这一切只是一场梦。

在八月的一个炎热的晚上,凯文和另外几个男孩跟一位女辅导员发生了一场激烈的争吵,真实的情况杰夫不是很清楚,只知道凯文把那个女辅导员的手臂扯到脱臼。他们报了警,警方暂时把他扣留在青少年拘留所。

"老天,怎么会这样呢?"我说。

"这还不算什么,"杰夫继续说着,"警方暂时把他扣留在青少年拘留所三四天,正在讨论要如何处置他时,凯文竟然跑掉了。在城市中逗留了两天之后,昨天晚上他闯进了诊所。"

"诊所?"我要进一步地确定。

"对,我们的办公室。"

"他闯入我们的办公室想要做什么?"我问道。

"答案其实很简单,他要找那把刀子,那把他拆下床板金属做成的刀子,那把一直交由你保管的刀子,你还记得吗?"杰夫问我。

"我怎么会忘记呢?很显然,当凯文逃出拘留所的时候,他的心中只有一个目标,那就是宰了他继父。他知道那把刀子在我这里,但是他并不知道我放假远游了。"

那天白天凯文在诊所附近徘徊了很久,最后终于鼓起勇气走进去向柜台小姐说要见我。在听到柜台小姐对她说我放假远游之后，他便一语不发地离开了。不过，那天晚上他悄悄地闯入了我们的办公室。他在我的抽屉里找到了那把刀子，但是他也当场被警察逮了个正着。他先是留在莫坦森拘留所，受到严密的监视，后又被送到医院的精神科。

可以想象，我们的办公室里此刻一定人满为患。

"你真的应该来看看我们的办公室现在乱成什么样子了。"杰夫说，"你等着看好了，到时候莫坦森的人会去找你的。他们现在急着想要找你谈谈。"

这一点绝对不用怀疑。

我走进浴室，打开水龙头，用水泼醒自己。完全清醒之后，我赶快驱车赶往办公室。

我们的办公室真是一片狼藉。所有的抽屉都被丢在地上，还被翻得乱七八糟。书架也是空空的一片，书本和纸张丢得满地都是。杰夫就坐在办公室的中央，他的表情和我的一模一样。

"我想我们早就该料到这种事情迟早会发生，"他感叹地说道，同时一边看着我小心翼翼地走到我的位置上，"这个孩子一定还有其他的原因，事情不可能这么单纯，尤其是经过那么多年之后他内心的怨恨还无法消除，足见事情的严重性。我早就该猜到他根本没有告诉我们实情。"

"我不懂你的意思。"我看着他。

杰夫耸了耸肩："你知道的，你和我一样清楚。他从来就没有真正'说过'任何事情，以前所说的那些，都只是表面的事情而已，他根本没有说出他心中真正的想法。以前你老觉得不安，老觉得事情不对劲，我还笑你多心，笑你在吃醋。现在我认为你是对的。一直以来他都是在演戏。"

"但是我的质疑也不完全是正确的。"我说，"毕竟，他真的有变好，不是吗？我一直以为我们对他是真的有帮助。"

我觉得内心有种要哭的冲动，我不想听到杰夫对我说这样的话，我不想知道真正的问题到底出在哪里。最重要的是，我不想知道我过去内心中的质疑竟然会变成事实。

"那倒是真的。"杰夫轻轻地说，"其实，当时我也和你一样地相信他。"然后他对我笑了一笑，说："你也不必太过自责。"

"可是他真的有变好，他真的进步了很多，不是吗？那难道还不够吗？其实我们当时都觉得那样也许已经非常够了。"

"没错，我们的确那样认为。"杰夫回答着。

"不管当时我们认为够不够，他的进步是有目共睹的，杰夫，就算是现在他把我们的办公室翻成了这个样子，也比他躲在桌子底下来得好。至少我现在是这样想的。我不知道，还有什么是我们没有做到的吗？我一向非常善于找答案，可是这次我真的找不到答案。"

"没有答案的。"他说，"我们永远不会有答案。就某一方面来说，我们根本连问题都没有。我们什么都没有。"

医院打电话要我过去。他们说凯文一句话都不讲，那些警察拿他一点办法都没有。他们希望我能够过去和凯文谈谈。于是，把办公室整理干净后，我便驱车前往莫坦森医院。

这是一家戒备非常森严的医院。在护理人员的带领下，我来到了凯文的房间。那是一间长长窄窄的房间，在房间的尽头有一大片窗户，里面摆有一张床和几个置物抽屉，还有一把椅子。我看到凯文就坐在那把小小的椅子上。

当护理人员把我带进去时，他只是冷冷地看着我，并没有出现特别惊讶的表情。也许他心里早就有数了，知道自己闯下了这个大祸，势必会把我引出来。

自从在盖尔收容中心分别到现在，我发觉他在这个暑假长高了不少，少说也有一米八的身高，头发显得有些长，发型依旧是几个月前杰夫的理发师帮他剪的那个发型，整个人看起来有点野，而且显得和从前有很大不同。就某方面而言，应该说是比较有男人味，也更具有吸引力。我请求护理人员让我们两人单独相处。待她离去之后，我牢牢地关上房门，然后走到凯文的身旁，在他的床边坐了下来。

我们沉默地注视着彼此。

"怎么回事？"我终于打破沉默。

凯文看着他的双手，耸了耸肩。

"告诉我到底发生了什么事？"我厉声地问。

他又耸了耸肩。

无语。一种令人窒息、诡异的无语，紧紧扣住我的喉咙不放，害我不停地吞咽着口水。

我很清楚地感受到我内心的愤怒。"当时你心里到底在想什么，凯文？你在那里到底做了些什么？你在贝拉方登又发生了什么事？还有，你要那把刀子干什么？"

没有回答。沉默！又是沉默！怒气在我的体内渐渐发酵。

"你想要步你父亲的后尘吗？那是不是就是你想要的呢？你想要向所有的人证明你和你的继父一样残暴吗？他就要占据你的身体了，凯文，如果有一天他真的占据了你的身体时，你这一辈子就永远也别想杀他了，因为不论你走到哪里，他永远在你的体内，他永远跟随着你，你永远都别想要除掉他。难道那就是你想要的吗？变成另一个他？"

凯文叹了一口气，没有回答我的问题。

"你有比较好的选择，你有比较好的路可以走，千万别让他得逞，别让他对你说的话谶语成真。"

凯文的表情依旧没变，更贴切地说应该是他的脸上根本就没有表情。他只是坐在椅子上，来回地绞着他的手指。他甚至没有抬起头来看我。

"那么，你当时到底在搞些什么？你的心里在想些什么？"

他的双肩颓然地垂下，深深地叹了口气，然后缓缓地说："坏事总是会发生在我身上。"

第12章
一切重来

"我不知道你要我怎么做,我也不会为了你而改变些什么。我没有办法像开刀一样进入你的脑海中把那些腐坏的东西拿出来,我也没有办法让曾经发生在你身上的那些不好的事情消失。我没有办法,没有人有办法。这一切全在于你自己。我能做的只是陪伴你。我可以来这里,我可以和你做伴,但是这人生之旅是你自己的。"

就这样,我们一切又得重新再来。

凯文抵达莫坦森医院没几天,便陷入极度沮丧的情绪中,至于是什么原因导致他的沮丧,我就不得而知了。也许是因为失去了杀死他继父的机会——那是他生命中最重要的目标;或许是因为失去了生活的重心而感到沮丧;也或许是因为这是他避免显露他内心冲突的一种方式;更有可能是其他的因素。总之,不管是什么原因,凯文不再像以前那样对我们侃侃而谈,这让我们苦思无策。

其实院方要我来的目的,并不是要借助我的治疗能力,因为他们有自己的心理治疗师。他们要我来的真正目的是要让凯文再次开口说话,因为凯文只和我一个人讲话。此外,凯文目前还有一位精神治疗师,因此很显然的,他们不会答应让杰夫来帮助凯文。这家医院对自己院内的医生十分保护。

总之,在院方和诊所达成某种协议之后,我又开始每天来这里和凯文面诊,就像以前在盖尔收容中心一样。杰夫虽然很想加入,但碍于院方严格保护自家医生的态度以及其他的因素,杰夫还是不能进入,就算他宣称自己可以分文不取并且利用下班以后的时间来帮助凯文,院方还是不答应。为了帮助杰夫如愿地能够常常来看凯文,我要杰夫假扮成我的"研究助理",反正除了我和凯文之外,没有其他人见过他。我们把和凯文见面的时间定在杰夫下班以后。

一开始的那几个礼拜,真让人感到挫折和懊恼。凯文的情绪真的非常糟糕,把杰夫和我都拖进了那个泥沼中。他是选择性的讲话,他不和任何人讲话,当他愿意开口说话的时候,他只对杰夫和我说。而不论我们如何苦口婆心劝他,就是丝毫无法改变他的心意。我们变得束手无策,不知道该怎么继续下去。

总之,更令我感到担心的是,他这种选择性说话的次数变得越来越少。我从来都不敢去猜测当我抵达他那个小小房间时,他是不是愿意和我们一起做任何事情?他是不是愿意和我们坐在一起讲话?或者,他就干脆躲在棉被底下,紧紧地盖住自己的头,拒绝出来看我们呢？再者，我们挑的时间实在不太理想，因为每到这个时候，我总是又累又饿，脑筋又不清楚。不过杰夫倒是比平时还要有活力。至于凯文呢，他根本一点进步的迹象也没有。

在九月的一个晚上，由于没有开灯，我静静地坐在黑暗的室内，回想一年多前第一次见到凯文时的情形——那个躲在桌子底下不停摇晃着身体的男孩。我还记得，凯文当时是如何用桌子和椅子给自己构建囚笼的，也还记得一开始我是如何爬到桌子底下陪伴他的。想到这里，我突然非常希望能够回到那段时光。至少桌子和椅子所构建的囚笼容易化解，而现在他在内心给自己所构建的囚笼，却让人不知该如何化解。

几个星期过去了，我现在已经不记得它们是怎么过去的。没有什么事情发生，也没有任何的改变，一切停滞不前。凯文还是陷在深深的沮丧中，还是把自己封锁在自己内在的囚笼中，我真的不知道应该怎么做才能把他从囚笼中拉出来。没有人能，我不能，杰夫不能，院方的人不能，连精神科的医生也不能。我们唯一能做的就只有耐心地等待。

在凯文的房间，尽头有一扇大窗户，那扇窗户竟然渐渐成为凯文的生活重心。每次我一进入他的房间，都会看到他站在那扇窗户的前面，双手放在背后，眼睛出神地凝视着远处一个不知名的地方。那里很自然成为了我们聊天沟通的重要地点。凯文总会站在那里，背对着我，眼睛看着外面和我说话。不过他经常出现的动作是站在那里什么话也不讲，有时我也会默默地加入他的行列，不愿去猜想他心里在想些什么。

"我不知道我的两个妹妹现在怎么样了。"某一个黄昏他开口对我说。那时他依旧站在窗户前，窗外的落日余晖透过玻璃洒落在他的身上。我已经很久很久不曾听他提起家里的事情了。

"我不知道。"我答道。

"我不知道她们现在过得好不好。有时候我会想到她们。你知道我多久没有见到她们了吗？"他缓缓地转过头来看着我，看到我摇头表示不知道时，他又把头转回去。"好久了。六年了。嗯，大约是六年吧。五年八个月，还有大约一个半星期吧。"他静静地算了一下，然后说，"是八个月，一个星期又两天。你知道我是怎么知道有这么多天的吗？"

"你怎么知道的？"

"我牢牢地记着，我牢牢地记着而且永远都不会忘记。我的记忆力是很厉害的。"

"这点我看得出来。"

"可是对一个小孩子来说，那是非常非常长的一段时间。我最后一次见到我妹妹已经是很久很久以前的事了。不知道她们现在怎么样。"

我没有说话，也不知道要说些什么。

"我的继父常常会喝得醉醺醺地回家，有时候他回家后会把我的妹妹凯洛叫起床。你知道吗？我猜他一定曾对我妹妹做过一些下流的事，就是那种很肮脏的事。虽然妹妹从来不说，可是我知道他一定做过。凯洛绝对不会把这种事情讲出来的，就算是对我她也不敢讲，因为那会让她很难堪，但是我就是知道。我随时都在注意。有一次他还把小妹妹芭芭拉也叫起来，不过大多时候他都是叫凯洛起床，因为凯洛是我们家年纪最大的女孩。"

他停了一下又继续说："有一次他把凯洛叫起床后没多久，他们就得把她送去医院。"

凯文转过身来对着我，昏暗中我看不清楚他的身影。"不知道妹妹她们现在过得怎么样。我已经好久没有见到她们了，自从……呃，自从我妈妈不再来看我以后。那已经是很长的一段时间了，那么长的一段时间是可以发生很多事情的。"

他又转过身去望着窗外："你知道吗，桃莉，有时候我会很担心她们。有时候我躺在这里，心里忍不住会想到我继父对她们做的那些龌龊事。她们没有我这么幸运，能够离开那个鬼地方。"

"我相信她们会没事的，凯文。社会福利机构会注意她们的。在你离开之后，社会福利机构会监视你的继父。"

他摇了摇头："不会的，他们不会的。"他缓缓地吐了一口气。"他们才不会真的关心呢。如果你在家中挨打，他们就会转过身假装没有看到那一幕。因为他们有太多太多更严重更重大的事情要去烦恼，谁会管我们这种家务事？你知道吗？每天一点一点地折磨，要比重重一击更叫人难以忍受，那就是我两个妹妹的生活，你知道吗？"

我点了点头，走到床边坐下来。我感到头痛欲裂，胸口也觉得隐隐绞痛着。

他又转过头来看着我："这叫人怎么去喜欢和关心像这样的一个世界呢？我甚至都不想要成为这个世界的一分子。我疯了，但是我觉得发疯也没有什么不好。我的意思是说，如果我没有疯的话，搞不好我现在的下场会更凄惨，而现在最坏也不过是他们会灌我药而已，灌了药之后我反而轻松，因为我就没有什么感觉了。可是凯洛就没有这么幸运了。发疯并不是最悲惨的事，这个世界上还有很多事情比发疯更悲惨。"

我越听心情越沉重，他只不过是一个十来岁的孩子，心中却背负着这么深厚的苦闷，他是这么的年轻却又这么的沉重。

显然在凯文心中，他对这一切早已有了固定的想法。不论在过去的那个夏季他过得有多么高兴，他都已经决定要把那一切封闭起来，决定回到那个囚笼里面。他疯了，而且他执意要继续发疯，也许就是这种自我封锁的意志，导致他的情绪异常沮丧。所谓哀莫大于心死，如果凯文决意放弃自己的话，即使我有通天的本领也无济于事了。

为鼓励病人能够好好的配合，院方制订出一套非常好的奖励办法。他们以记分的方式来鼓励病人，当病人的行为得当而且配合度非常高的时候，就会得到分数。这套方式对被认为有精神问题的病人尤其管用，如此一来就可以鼓励这类型的病人自觉参加治疗课程、单元性的教学方案等。

然而，似乎再大的鼓励也无法打动凯文的心，他采取完全不合作的态度。他总是爱起床就起床，不想起床就不起床，于是他被扣了分数；他总是想洗澡就洗澡，不想洗澡则谁也无法逼他洗澡，于是他又被扣了分数；对于教学的单元性课程，他则是爱上不上，于是他的分数被扣得更多。他从来不曾在任何一件事情上得到过分数，他根本就没有任何想要去争取那些奖励的想法。当分数被扣到没得扣的时候，院方给他们的处罚就是要他们留在病房中不准出去，或者是被隔离起来，被关在自己的小房间中。但是凯文对这样的结果似乎非常满意。最后，院方进一步把他喜欢的那扇大窗户也给封了起来。

院方的员工对于凯文这种不合作的态度已经快要抓狂了，他们完全束手无策。凯文不哭、不喊、不生气、不反抗，也没有任何攻击性的行为，这种情况其实要比那些攻击性的行为还要糟糕。院方人员甚至拿着绳子把凯文绑到医院的大厅中，看看他是不是会想要挣脱那条绳子，结果他还是一点反应也没有。他的精神科医生加重了他的药量，但还是看不到任何改变。最后，他们决定来个逆向操作，如果凯文再不改进他的态度，就不让他进入他的房间。没想到凯文还是无动于衷,他干脆默默地坐在房间门口的走廊上,看着员工们来来往往进进出出。

这种情况对杰夫和我来说,就有如在蜜糖中游泳——付出很多,回报很少。杰夫身陷其中的程度比我还要严重,除了烦恼我们停滞不前的进度之外,由于他是位专业的精神科医生,也有开处方的能力和资格,他非常担心凯文的服药状况,因为那些药物的分量不算轻,这对凯文的身体可能会有不良的影响。问题是,他并非院方正式聘来的医生,没有资格提出任何个人的意见。

有好几次,我痛苦地想要放弃凯文。我的意思是说,在经过这么多的努力后,我不知道此刻自己还能够做些什么。一个在童年时期遭到极度虐待,在儿童收容中心度过了好几年的时间,行为充满暴力和侵略而且还是个没有人要的孩子。这样的一个孩子,不论是变好还是变坏,外人不会对他有丝毫关心。只有杰夫和我关心他,但是我们的力量却又是这么的渺小。

放弃是件非常容易的事,这个想法时常会在我的脑海中出现。我也知道院方已经有心理准备要放弃凯文了,而凯文则早就已经自我放弃了,所有的人都在等待我最后的决定。不过我还是没有放弃,我也不知道为什么我会有这样的决心。

凯文的情况越来越糟糕,因为他的分数被扣光了,导致我每次到医院和他见面都变得越来越难。就算和他见了面,也越来越难和他有所互动,或是一起做些什么事情。到了最后,我们就像两个爱恨交织的恋人一样，没有对方会活不下去，有了对方也一样会活不下去。

十一月的寒冬，外面的天气凛冽刺骨，天色终日昏暗不清。那天，我趁着天际尚有一点暮色的时刻抵达医院。由于凯文的分数被扣光了，使得我有好几天的时间都无法到医院去看他。这次是我赔尽了笑脸央求院方的员工才得以见到凯文的。

一如往常的，凯文还是站在那扇窗户前面，只是窗户已经被封住了，外面的世界只能透过缝隙才看得到。房内一片黑压压的。对于我的出现他没有什么反应，只是站在窗前凝视着外面。

我伸手把灯打开。依然没有引起他的任何反应。

"凯文，是我，桃莉。"

没有回答。

"你在看窗外的什么东西？"

没有回答。

"凯文？"他还是没有回答。我静静地看了他一会儿，然后放下手中的置物盒。

"凯文！"他一动也不动，好似没有听到我在叫他一样。

几星期来累积的怒气在我的心里蹿了出来。"凯文，"我说，"你转过身来。"

看他还是没有任何的动作，我走了过去。"我说，转过身来，凯文。"

还是没有反应。

"凯文，我叫你转身，我是说真的。"我抓住他的肩膀。他还是没有转过身来，不过我可以感受到他那股抗拒的力量，被我抓在手指下的肌肉变得非常僵硬。我使劲地摇晃着他，硬把他转过身来面对着我。然而，他还是不愿看我的脸。

"可恶，凯文。我在跟你说话的时候，你得面对着我，听到了吗？我已经厌烦了你这种态度，我已经厌烦了每次来看你的时候，都只能呆呆地坐在这里不知该怎么帮你，还要忍受你那种对我视而不见的态度。"

他睁大眼睛瞪着我。

"你以为你这是在做什么？为什么老是摆出这一副要死不活的样子？你真的想要在这里待一辈子吗？"

"我不在乎。"

"你到底是怎么回事？你想要把你一辈子的时间都浪费在这里吗？"

"那又怎么样呢？"他耸耸肩又转身面对着窗户，"我还有什么好在乎的？"

我抓着他的肩膀使劲地把他转过来，由于用力太大，差点害他失去平衡而跌倒。"你这辈子到底拥有些什么呢，凯文？难道你希望就这样躺下来死掉吗？难道你要让你的继父称心如意，让他觉得你真的是一个扶不起的阿斗，这一辈子只是个废物吗？难道你打算就这样放弃了吗?"

"我不在乎,你走吧,让我一个人静一静,好吗?"

"你必须要在乎,凯文。"

"为什么?"

"因为,因为这是你唯一仅有的,凯文,而要让它变得更好的唯一方法就是去改变它。没有其他办法可以使你的人生变得更好,你若不改变它,你的这一辈子就是这样了。"

"我不在乎。"

"你必须在乎!"我哭喊着。

"为什么?"

"因为我在乎!"

"为什么?我有要求你在乎吗?我有要求你闯入我的生命中吗?"

"你有,就我记得的,你有。"

"我没有,我从来都没有。我没有要求他们回到盖尔中心去找你,我没有要求你这个时候到这里来,我也没有要求你留下来。好了,现在请告诉我,你为什么会来这里?既然没有人要求你来,你又有什么好生气的呢?为什么我都不要你了,你还要一直来这里呢?"

这其中一定有一个很强烈的原因让我不停地回来这里的。"因为……"

"因为……因为什么呢?因为有人付钱请你来?因为你就是靠这些人的苦难来过日子的?"

"不，不是那样的。"

"要不然又是为了什么呢？因为你自认为可以帮得了我？你之所以来这里，是不是因为你觉得只要在我身上花下足够的心血，就可以把我挽救出来？"

我拼命地摇着头。

"那么，到底是为了什么？你到底在乎些什么？这些根本都不干你的事。"

"因为那就是我，我就是那个样子。就像你一样，你就是那个样子。"

"如果是那样的话，那实在是一种很愚蠢的个性。你真的很笨，我只能这样说，比我想象中的你还要笨。"

"我从来就没有说过我很聪明。"

我们无语地注视着对方。

"说实话，"他说，"我恨你。"他的声音轻柔却实际。"你来到这个没有人有权进来的地方，你窥视了一个没有人有权可以窥视的地方。你带给我希望，让我觉得我可以像所有正常人一样，让我觉得那是我应得的人生，而事实上，我们两人的心里都很清楚根本不是那么一回事。"

"你以为你是谁，一个无所不知无所不能的人吗？你从来就没有真正地了解过我，你只是坐在那里假装了解，可是发生在我身上的事情，却不会发生在你的身上。你只是打开书本看着一则又一则令人感到不幸的故事，而我却是故事中真正的主角。所以，你凭什么自以为可以帮助我呢？"他双眼狠狠地盯着我，把心中的怒气一口气发泄了出来。

我的心中非常难过，他的那一番话把我伤得很深。泪水在我的眼眶中打转，但是我没让它掉下来。

"听着，"我说，"也许我没有什么大不了的。而且，没错，他们是花钱请我来这里，我也因此觉得有义务要对你好、要开导你，但是我已经在这里了，不是吗？凯文，你生命中所有有可能来这里的人，我是唯一一个真正出现的人，如果你不要我的话，那么我就离开。如果那样的结果是你心中真正想要的，那么那也是我想要的。"

他没有说话。

"我应该离开吗？"

他还是站在那里盯着我看。

"那是你想要的吗？要我离开吗？"

整个世界似乎都在和我对抗。我觉得很累、很不快乐。"你听清楚，"我说，"我走了。"我转身走到床边去拿我的置物盒。凯文还是站在窗户前面，不过眼睛一直没有离开过我的身上。

"你要这些吗？"我拿出几本素描本。

他摇了摇头。

"这些东西是为你买的。我不会画画，所以这些东西我用不上。

你真的不要吗?"

"不要。"

"那铅笔呢?"我又抓起一把铅笔。

他又摇了摇头。

我顺手把那些东西往垃圾筒里丢:"你什么东西都不需要,对不对?"

凯文耸了耸肩。

我穿上外套:"我不知道你要我怎么做,我也不会为了你而改变些什么。我没有办法像开刀一样进入你的脑海中把那些腐坏的东西拿出来,我也没有办法让曾经发生在你身上的那些不好的事情消失。我没有办法,没有人有办法。这一切全在于你自己。我能做的只是陪伴你。我可以来这里,我可以和你做伴,但是这人生之旅是你自己的。"

他转开了头。我则穿上外套转身离去。

"你应该叫我布莱恩的。"他轻轻地说。

"什么?"

"我说,你应该叫我布莱恩的。如果你不介意的话。"

这时我已经站在门口。停下脚步,我回过头去看着他:"叫你布莱恩会有什么差别吗,凯文?"

好长好长的一段时间,凯文努力想要把眼泪忍回去,但最后还是没有成功。他低下了头,闭上了眼睛,他的身体缓缓地沿着窗户往下滑,最后整个人瘫坐在地板上,双手掩着脸,不停地啜泣。

我走了过去,在他的旁边坐了下来,抱了抱他。

"要是我能够变成布莱恩那该有多好,"他终于开口说话了,"要是我能够变成布莱恩就好了。就算是在你面前我也不能。就算是你也没有办法看到他。"他仔细地研究我的表情好一会儿,然后继续说,"那就是这个世界荒唐的地方,我们有多少面是无法出现在世人面前的。"

他停了下来,然后叹了口气。

"我们就像鬼魂,像镜中的鬼魂一样,真的。就好像是一具没有灵魂的行尸走肉一样。空空的壳中装着一个错误的躯体,怎么都无法挣脱出来。"

他用手指擦掉脸颊上的泪痕。

"要是我能够变成布莱恩就好了,我真的希望能够变成货真价实的布莱恩,可是我不能,我只是镜中的一个鬼魂罢了。"

第13章

布莱恩的外套

> "真的很奇怪。我看见那件外套……我看见它,我心中想着……那就好像是布莱恩的外套,你知道我的意思吗?那是一种看起来就像是布莱恩会穿的衣服,它看起来是那么整洁笔挺。我并没有偷它,桃莉,我真的没有偷它,我只是想要穿穿看而已,我只是想知道我穿上它会是什么样子。"

在我认识的人当中,唯一能够让我的头脑保持冷静的人大概就只有杰夫了。问题是,我们两人在许多事情的看法上,时常会出现极大的差距,不过这种情形也使得我们之间有了很好的互补。就以凯文的事情来说,杰夫就会去思索造成凯文今天这种个性的根源是什么。经过了一番思考和研究之后,杰夫觉得凯文内心那些纠结难解的情绪——仇恨、偏激、弒父的情结、挫折感等等,绝对都是源自他的童年生活。杰夫是个很重视理论的精神科医生,而我重视的则是现实的状况。

有一天晚上,我来到凯文的房里。"凯文,"我说,"我有些事情要问你,而且你也必须回答我。"

凯文从窗户前面转过头来看着我。

"你在贝拉方登的时候到底发生了什么事?"

他没有出声,只是把头转过去注视着外面的暗夜。

"凯文,你一定得告诉我当时到底发生了什么事,如果你不先帮我,我就无法帮你。为了要改变现在这种情况,我需要知道更详细的过程。"

他还是不说话。

"我并不是特别需要你的帮助,"他冷冷地说着,那种语气听起来不像是在回答问题,倒像是在宣布一个决定。

"我知道你不需要。"

又是一阵沉闷漫长的沉默。

"凯文,现在整个情况都失控了,谁都无法控制。你困在这里动弹不得,你的情绪也一直都很糟糕。我真的很想就这样放弃这一切,但是如果就这样放弃了,对我们两个人都很不好。所以,我们要找回以前那种秩序。我们可以的,只要你帮帮我,和我好好配合就可以了,好吗?"

他还是没有回答我。

"好吗,凯文?"

"当时根本没有发生过什么事情。"

"如果当时没有发生过任何事情的话,那你现在为什么会在这里呢?"

我看到他那双紧握着的拳头举了起来,然后紧紧地压在窗户的玻璃上。

"因为我把那个女人的手臂给扯断了。"

"为什么呢?"

他耸了耸肩。

"你为什么要那样做呢,凯文?"

"我非常生气,就是这样。"

"可是你为什么会那么生气呢?"

"我不知道,反正我就是非常生气。"

"问题是你为什么生气?当时到底发生了什么事?她做了什么让你那样生气?"

"没有什么。我只是很气她。我真的非常气她,就是那样。"

"人不可能无缘无故生气的,凯文。人生气一定会有原因的。"

"我就是没有什么原因。"他把脸贴在玻璃上,出神地凝视着某个我看不到的地方。

"凯文,离开那个窗户。"

他没有动。

"凯文,过来这边,不要站在那里。"

其实我并不敢期望他会离开那个地方,因为凯文从不离开那个地方。可是这一次,他竟然慢慢地转过身往床边走了过来,然后停在我的身边。

"坐下吧。"我指了指身边的床位。

凯文顺从地坐了下来。

"那么,当时到底发生了什么事?你还没有告诉我呢。"

他耸了耸肩。

"我讨厌这样没完没了地追问你,可是你又不告诉我到底发生了什么事,就算我想破头也想不出个所以然。我讨厌自己这样不停地问你,因为这会让你感到难过,可是我又不得不问。"

从他的体态和表情,我看得出来有某种事情在困扰着他。总之,不管是什么事情,他都把那股情绪传染给我了,我的心情也跟着沉重起来。

"我不知道发生了什么事,"他又说道,"老实说,桃莉,我不知道,我真的不知道。其实我还蛮喜欢她的,我真的很喜欢她。她叫玛格莉特,她一直对我很好。"

"那天晚上,在你们那个家园中是不是发生过什么事?"

"那时候我们都在看电视,我因为觉得很累,所以就回房间去睡觉。没多久我听到他们几个男生吵了起来,所以我下床去看看到底发生了什么事。"

"那几个男孩是在和玛格莉特争吵吗?"

"不是，是几个男孩彼此在争吵，玛格莉特只是站在那里。然后我就把她的手臂给扯断了。"

"你扯断玛格莉特的手臂？玛格莉特站在那里，然后那几个男孩在那里争吵，然后你从你的床上下来，然后就把玛格莉特的手臂给扯断了？为什么呢？是不是他们的争吵让你感到很生气？为什么你扯断了玛格莉特的手臂而不是其他任何一个男孩的手臂呢？"

凯文摇了摇头："我不记得了。"

"你刚刚说过你当时很生气，你为什么生气呢？"

凯文想了一下，然后说："我也不知道，反正我就是非常气她。然后接下来的一件事是，我知道我把她的手臂给扯断了。我把她摔到了墙壁上。"

我没有说话。沉默有如潮水般向我们袭来。

"你还记得在盖尔收容中心那次发生的事吗？"凯文问道，"我们两人在盖尔那个小小的白色房间中画海报的那一次。"

"记得。"

"当时我发了不小的脾气。"

"对，我记得很清楚。"

"那时我也有可能扯断你的手臂。"

"没错，以你当时那么激动的情绪是有可能的。"

"可是我没有那样做。当时我的脑海中有过那个念头，但是它一闪即逝。"

"但是，如果它不是那么快消失的话，你会真的扯断我的手臂吗？"

他深思了好一会儿，然后摇了摇头："我想不会的，那不一样。"

"怎么个不一样法呢？"

凯文并没有立刻回答我的问题。事实上他能够花这么长的时间，这么有耐心地回答我的问题，已经出乎我的意料了。

"我并没有生你的气啊，当时我只是害怕罢了。如果我真的伤害了你，那也绝对不是有意的。"他匆匆地瞥了我一眼，然后站起来又走回到窗户前面去了，"可是，我猜如果当时我有机会的话，我可能会杀了她的。"

凯文终于又有点进展了，只是这样的进展非常非常缓慢，慢到几乎无法察觉。他被送到医院已经有十个月了，直到这个时候，院中的人才发现他开始有救了。他开始会准时起床，开始会去参加治疗的课程，也开始会去参加单元性方案课程。虽然他进步非常慢，但是他已经开始得到奖励的分数了，至少现在杰夫和我要去和他面诊时，不会被挡在门外。

没有人知道是什么原因让他变得如此积极，不过可以确信的一点是，这是很多事情综合在一起所导致的结果。这个突如其来的改变，给了杰夫和我不少的希望，我们两人都希望这次再出发的凯文是真正的凯文，而不是另一个隐藏自己的凯文。说我们天真也无所谓，反正我们真心希望凯文这次能够成功。

杰夫对凯文的过去越来越感兴趣,他开始想要去拼凑凯文的过去,可是他的资料实在少得可怜,除了过去我们和凯文聊天中谈到的部分,对他的童年生活和家庭背景,我们完全没有线索可循。

有一天早上,当我走进办公室的时候,发现地板上散落着一大堆纸张,杰夫正跪在地板上仔细地检查那些纸张,他小心翼翼地把每张纸都来来回回正面反面看了好几次,然后谨慎地将它们分类。

"你在干什么,杰夫?"我好奇地问,心中以为他是在整理待会儿开会的报告。

杰夫站了起来说:"昨天晚上我上床睡觉的时候,心中一直在想,我为何不试着把凯文的每个背景片断的记录拼凑起来呢,就是你那一套实际拼凑理论。这些就是我去找来的资料。"

"你这个大傻瓜。"我大笑着说,"那要费很长的时间去整理的。"

"呃,我在想,如果我能以时间整理出来……再按照时间顺序……"他专心地研究着地板上那些纸张。

我在他旁边绕了绕,然后也跪了下去看他在那些纸上写了些什么东西。

"看,这是他的继父。"杰夫说道,"然后这是凯洛。我想凯洛的部分有些搞乱了。他的关系……"

我拿起了另外一张纸。

"凯文一共有几个妹妹?"杰夫问,"这里是凯洛……"

"还有芭芭拉,他曾经向我提到过芭芭拉。"

"那么谁是艾伦呢?"

"艾伦?我没有听到他提起过艾伦。我们知道的就是两个妹妹,而且档案上记录的也是两个,就是凯洛和芭芭拉。"

"可是的确有个艾伦呀。他曾经有提到过艾伦一次。你想有没有可能凯洛是个弟弟?是凯罗而不是凯洛呢?"杰夫建议性地说道。

"不会的,他曾经画过凯洛的长相给我看过。而且当凯文提到画中的那个孩子时,他是用'她'而不是用'他',这点我们应该不会弄错的。"

杰夫又换了另外一张纸:"好,如果说这个区域就代表他早期的童年岁月,就是在他进收容中心之前的岁月,那么你认为他提到的那些被虐待的行为是发生在什么时候呢?他的记录里面几乎都没有那方面的说明,对不对?"

我摇了摇头表示确实没有。

"你真的认为他的话是真的,对不对?"杰夫抬头望着我,"你真的不认为这其中有很多都是他编造出来的吗?我的意思是说,他有时是一个那么聪明的孩子。"

"不可能的,我曾经看过他的背后,他的背后全是一些小小的伤疤。如果那些话是他编造出来的,那么那些伤疤又作何解释呢?"

"桃莉,我要问你一些事情,一些我一直非常怀疑又百思不得其解的事情。这似乎有些荒唐,但是你会不会觉得凯洛这个人是凯文编出来的?她只是一个幻想中的人物?由于凯文本身的遭遇实在太坎坷了,所以他把凯洛这个角色拟人化而编造出一个可以取得你同情和关心的人物来呢?"

其实这个想法也曾在我的脑海中徘徊过,只是我不愿去相信它的真实性。"我不知道,杰夫。"我回答。

杰夫又拿起了几张纸并仔细地盯着它们好一会儿。然后他站起来走回到他的座位。

"他的母亲……"杰夫沉思着说,"不知道他的母亲现在在什么地方,她有多久没有现身了呢?"

"我猜,是自从凯文到了盖尔收容中心之后,她便未曾现身过。不过我并不是很确定。"

"可恶!"杰夫突然把手上那些纸张全揉成了一团,然后用力丢在桌子上。"可恶!可恶!可恶!"他看着我,气得额头上的青筋暴出,"太可恶了!桃莉,我们自以为我们在做什么?看看这些资料。看看我们所找到的这些可恶的资料。我们根本什么都不知道。我们连这个孩子的母亲是什么人都不知道,又怎敢大言不惭地想要帮助他呢?可恶!这个我们认识的孩子,也许根本就不存在。可恶!我们就像算命师一样,毫无根据地想从树叶中去找答案。"他随手抓起一把纸张往空中一丢,纸张纷纷落得满地都是。

好吧,就算他说得一点都没有错,但那也于事无补。

那天稍晚当我抵达医院时,一位院中的护士过来跟我搭讪。

"凯文偷了一件外套。"她说。

"一件外套?"

"大家都觉得是他干的,因为其他的孩子都可以证明自己的清白。所有的证据都指向凯文,但是他又不愿开口说话,他们也不知道该怎么向他问这件事。你是不是可以和他谈一谈这件事呢?"

这时我脑海中闪过一个可怕的想法,凯文要那件外套到底要做什么?我唯一能够想到的理由是,他那个阴魂不散的继父阴影又来骚扰他了,所以他决定要逃离这里找他的继父做个了结。由于最近凯文和我谈话的内容又回到了他的家庭,不由得让我想到他偷外套的目的。想到这里,我不禁全身打了一个冷战,希望这只是我的多虑。可是想想又觉得不对,因为凯文自己也有一件外套,而且就放在他的房间里,他没有道理再偷一件外套。

我不愿为了这件事和凯文争吵,我并不适合介入,不过还是勉强答应了她。我走进凯文的房间,他就坐在桌旁。

"凯文,"我说,"我讨厌多事,但是我知道这里有了一些小麻烦,而这个麻烦和你有关系。"我随手把门紧紧关上。

"哦,是吗?我没有什么麻烦啊。"

"是关于一件外套的事情。"

"哦,那个麻烦呀。"他心照不宣地答道。

"没错,就是那个麻烦。你要不要向我澄清一下呢?他们好像都认为你和这件事情有关系,有吗?"

"我？"

我点了点头。

"我要外套干什么呢？"

"我也是这样告诉他们的。可是他们似乎还是觉得你拿了那件外套。"

"我没有。"

"如果你不介意的话，那我就到处看一看你的房间，这样我也好向他们有个交代，好吗？"

"我没有拿，桃莉。我已经写了一张字条给他们，我告诉他们我没有拿。我说没有拿就是没有拿。他们为什么还要叫你来查我呢？"

"你介意我到处看看吗？"

"我没有拿！好吧，要看你就尽量看吧。你不妨也搜我的身搜我的房间，看看那件可笑的外套是不是在我这里。我要外套做什么呢？我从来就没有出过门的。"

我心中开始有种预感，觉得他可能确实拿了那件外套，因为他的音调越来越高，好像在隐藏他的心虚一样。"对啊，我的想法也和你一样，但是问题是，你拿了吗？"

"我没有拿，要我说多少次你才会相信呢？"

我停了下来转身看着他。

"我没有拿！"

"好，如果你真的拿了的话，那么你最好现在就拿出来交给我，我也省得在你的房间里面到处找。赶快把事情弄清楚了，我们才能够继续做我们自己的事情。"

他的脸皱成了一团，一副就快要哭出来的样子："我说我没有，你为什么不相信我说的话呢？我说我没有拿。"

我顺手拉了把椅子坐下来："有时候这种事情是难免会发生的。它们是不应该发生的，可是就是避免不了。人们就是那个样子，人免不了偶尔会做这种事情。"

凯文只是坐在那里，一张脸扭曲得很难看，看起来好像在哭又没哭。

"你为什么不干脆一点把衣服交给我，好让我把它交给护士小姐。我们赶快把这件事情结束，好吗，凯文？"

很久很久我们两人都没有说话也没有动。"我没有拿。"他再一次低声地重申。我没有开口，也没有起身搜他的房间。他望了望我，然后缓缓地站了起来，慢慢地走到他的床边，掀起他的床垫，那件外套赫然进入我的眼中。凯文轻轻拿起那件外套交给我，然后又走回到窗前那个位置。我把衣服拿到外面交还给护士小姐，又走回来。

"凯文。"

他知道我要说些什么："我以为你说我只要把衣服交给你，我们就可以把这件事情结束。你说不会再问我任何问题的。"

"我只是不明白……就当作是我们两人之间的秘密吧。"

"我以为你会说话算话的。"

"我的确那样说过。如果你不想谈的话,那我就不问。"

"我的确不想谈。"说完他转过身走到床边坐了下来。

在剩下来的时间里,我们还是做了些其他的事也说了些话,可大多数的时候我们都是在安静中度过的。不过,不论我们说了些什么或是做了些什么,总是摆脱不了那件外套的阴影。最后,当我开始收拾东西准备离开时,凯文站了起来。

"你知道吗?"他淡淡地说着,"衣服会让你有种在里面的感觉。你可曾注意到那种感觉?"

"有啊。"

"真的很奇怪。我看见那件外套……我看见它,我心中想着……那就好像是布莱恩的外套,你知道我的意思吗?那是一种看起来就像是布莱恩会穿的衣服,它看起来是那么整洁笔挺。我并没有偷它,桃莉,我真的没有偷它,我只是想要穿穿看而已,我只是想知道我穿上它会是什么样子。"他深沉地微微一笑,"就是那样。我只是想试穿一下而已。可是我又不好意思开口对他们说,我能够说吗?"

"也许可以啊。"我附议着。

"不行,"他摇了摇头,"不行,我不行,他们不会了解我为什么要试穿,因为那是我提出的要求而不是布莱恩提出的,因为他们根本看不到布莱恩。就算我穿上那件衣服,他们也不会明白,因为他们看到的不是布莱恩而是凯文,那个寄住在别人身上的凯文。"

"我明白。"

"对,所以我必须……暂借一下,那样他们就不会嘲笑我。我只是想要穿一下而已。"他说。

我没有回答。

"桃莉,你觉得那件外套看起来是不是很好看呢?"

"是呀,那件外套看起来真的很好看,对不对?"

他点了点头:"布莱恩有可能会穿那件外套的,是不是?"

我点了点头走到他的身边,发现他的唇间有一种内敛的微笑,好像有什么话要说。在他的身后,我看到外面一片白茫茫的世界。

游　泳

"那是个噩梦。然后我就醒过来了，我觉得想要吐，我真的很害怕，那种感觉就好像自己快要死掉了一样。每次我梦到那个梦时，就会觉得自己濒临死亡，我真的很害怕。如果真的让我看到那个湖的话，我一定会掉下去，我知道一定会是那样的。"

"你看。"星期一早上我才踏进办公室，杰夫就一边催促着我一边将一张字条放在我的桌子上。

"这是什么？"那张字条上有一个电话号码，从上面的区域码看来，我知道那是另一个州的电话。

"我在追踪凯文的母亲。"

我的眼睛突然亮了起来。

"你要和我一起去见她吗？我已经和她通过电话了。如果她愿意的话，我希望她可以告诉我们一些内情。"

我们两人千里迢迢去找凯文的母亲，我们在邻州州界一个破旧的社区里找到了她的住所。一个小男孩穿着一条尿湿的裤子为我们开了门。那个住所相当破烂简陋，客厅里只有一张破烂的沙发、一台旧电视和一张由硬纸板做成的咖啡桌。

凯文的母亲有些不好意思地接待着我们。显然，她想要给我们的这次拜访留下一个好印象，因此在知道我们因长途跋涉错过午餐时，她不但热情地为我们做了午餐，而且还专程去买了一些昂贵的食物请我们吃，比如起司、泡菜和当季的水果，这些东西可能是他们平常根本不敢奢望的。这餐吃得我很不安，因为那个小男孩就站在一边流着口水看我们吃，却不敢开口要求任何东西。

"凯文现在怎么样了？"她羞赧地问道。

"他目前的情况不是很好，"杰夫说，"这也是我们来这里的目的，我们希望你能提供一些讯息给我们，一些凯文和你们生活在一起时的事情。"

"他已经不再是我的儿子了，"她柔声说着，"已经没有什么好说的了。你们都知道的，不是吗？除了放弃他之外，我没有其他的选择。"

杰夫皱了皱眉头："在我的印象中，凯文是被自愿让渡的。"

杰夫的措辞太深奥了，我看到她一脸莫名的表情。

"我们以为你是自愿放弃凯文的。"我解释了一下杰夫的话。

她不语地垂下眼神："当时我们有很多的麻烦。"

"是吗？"

"我们没有办法把他留在这里。"

"为什么会那样呢？"

"都是因为我的丈夫麦肯的缘故。"

"你和你的先生有几个孩子？我是说你们总共有几个孩子？"杰夫问。

"连凯文也算在内吗？"

杰夫点了点头。

"嗯，他，"她指着那个小男孩，"还有那几个女孩，当然还有凯文。"

"有几个女孩？"

"只有两个，就是芭芭拉和艾伦。芭芭拉……"她顿了一下，"呃，他们把芭芭拉送到了一家收容所，你们知道的。艾伦现在正在学校上课。"

杰夫转过头来看了我一眼，然后又看着那个女人。"那凯洛呢？"杰夫轻轻地问。

她看着自己的手："只有两个女孩而已，只有芭芭拉和艾伦而已，就是她们两个女孩而已。"

"你的先生麦肯和凯文处得很不好，是不是？"杰夫又问道。

她摇了摇头表示认同。

"所以他才要你把凯文弄走？"

她没有回答，只是把脸靠在小男孩的头上。然后她慢慢地摇了摇头："不是他，是法律！"

就和杰夫一样，印象中我记得凯文是被自愿让渡的，这点在盖尔收容中心的资料可以查到。

"你是说是法院要你把凯文弄走的？"我问。

我们的对话使得她越来越不安，她把小男孩搂得更紧，呼吸也显得越来越急促："呃，在……在……你们知道的，就是在最后一件事情之后。"

"什么事情？"杰夫追问着。此时我们两人都已经一头雾水了。

她不敢抬头看着我们："你们知道的，就是那件事情，麦肯对他做的那件事，对凯文做的那件事情。"

"不，"杰夫说，"恐怕我们不知道是什么事情。那也正是我们的问题所在，所以我们才会来这里找答案。"

"呃，就是最后那一次，他打他的那一次。"

我们两人紧紧盯着她，耐心地等着她的答案。她则把整个脖子缩了起来，好像我们会揍她一顿似的。

"麦肯，他打凯文，打了一点点。凯文，被送进医院里面，他们就判决说麦肯不可以靠近凯文。他们说如果看到他靠近凯文，他们就要把他关起来，你们知道的，所以……"

屋内突然陷入了一片沉静。由于他们这里没有暖气设备，我看到那个穿着湿裤子的小男孩不停地发抖。他的穿着实在非常单薄，除了那条已经尿湿的裤子外，没有衣服、没有鞋子也没有袜子。

"就是这样，"她说，"我们不得不把凯文送走。如果不这样做的话，麦肯就没有办法回来。有凯文就没有麦肯，有麦肯就没有凯文，可是我又不能没有麦肯……"

在回家的路上我的愤怒一直无法平息。这个孩子到底遭到了怎样严重的虐待？否则为什么必须要住院治疗？否则为什么生活在同一屋檐下，要禁止他的继父和他见面？又为什么凯文的个人档案里，竟然没有提到这些事情？我气得破口大骂，倒霉的杰夫只得默默地忍受着我所有的怒气，因为车上除了我之外就只剩下他了。社会福利机构这次到底在干些什么，为什么要对我们隐瞒所有的资料？

第二天早上一到办公室我就开始打电话，一定还有人知道凯文的事情的。到了那天下午，我终于找到了，她叫曼芝，是一位社工人员，目前仍然从事儿童福利的工作。

她说："事情是发生在凯文十二岁那一年。当时他才刚刚从一个团体之家回到他自己的家中，和家人共同生活了大约三个月之久。凯文和他的继父不和早已是众所周知的事实，那也是导致凯文不愿和他继父说话的最主要原因。"

"有一天晚上，发生了一件小小的意外，没有人记得那是什么事了。为了那件事，凯文和他的继父大吵了一架。他的继父命令凯文向他解释,可想而知,凯文当然不吃他那一套。于是他的继父就把他痛揍了一顿,然后把他关到储藏室不让他出来,除非凯文愿意向他把事情解释清楚。他知道凯文很怕黑。凯文当然还是抵死不从。他继父怒火中烧,又把他拖到了房间,在他两个妹妹面前剥光他的衣服,将他绑在床上,然后命令那两个女孩抚摸及亲吻他的性器官。"

"到了第二天早上,凯文还是在床上无法动弹,他的两个妹妹不但被迫必须在一旁看着他尿湿床单,还要嘲笑他。她们若不听从继父的命令,也会遭到继父的一阵毒打。凯文还是拒绝和继父说话。他的倔强对继父火上浇油,于是他继父把他拖到厨房里用平底锅打他,一直到把他打昏过去才罢手。"

"凯文的母亲虽然知道这一切,却慑于她丈夫的淫威不敢挺身阻止,只有等到她丈夫出门后才敢出来照顾凯文。她为凯文止血,可是布块才放在伤口上就马上被染红。她不停地换布止血,然后把换下来的血布用火烧掉,但是由于凯文的情况越来越严重,在无计可施的情况下,她向邻居求助。邻居知道这件事后才打电话报警。"

我说:"但是根据凯文母亲的说法,他的继父只有被罚款以及禁止和凯文见面。为什么他没被起诉和判罪呢?"

"对,那就是让人不平的地方。"曼芝说,"凯文的母亲完全站在继父那一边,而凯文又不愿开口说一句话,因此没有办法叫凯文上证人席作证。更糟糕的是,凯文的母亲早已经把所有的证据都毁灭了,所以法院才无法对他的继父定罪。"

"这个州不是有儿童虐待法吗?"我提议道。

曼芝沉默了好一阵子,终于叹了口气说:"有是有,可是不见得能派上用场。"

先前的那股愤怒此时又在我的心中蹿了起来。

那天稍晚,我带着一本凯文喜欢的拼图书到他的房间去看他。我把我们找寻他母亲以及见到他母亲的事情告诉了他。他坐在床上一边玩着拼图一边和我聊天。

"她要来看我吗?"他头也没抬地问我,声音中听不出他抱有任何的希望,只是一个很平淡的问题。

"我想不会。"

"我也不认为她会来看我。"

"她有向我们提到社工人员如何把你送到盖尔收容中心的。"我说。

"她是不是把所有的事情都告诉你们了?"他的声音中还是没有一丝的感情。

"没有。是我发现的。我们找到了一位叫作曼芝的社工人员,你还记得她吗?"

"记得。"

"其他的部分是她告诉我们的。"

"那么,"凯文说,"现在你们应该知道并不是我的家人把我送到盖尔中心的,你们应该知道是曼芝小姐负责安排我的去处的。我最后一次见到我妈妈,就是我继父打我的那一天。自从那天之后我就再也没有看见过她了。"

"你想见她吗?"

有好一会儿,他抬起头出神地凝视着前方。然后他甩了甩头,又回去继续玩着他的拼图:"不要,我不想,真的不想,有些事情早就放弃任何希望了,等到一段时间之后,你就再也不会去想那类事情了,他们就完完全全地消失在你的记忆里了。"

凯文又开口说话了。

一如当初在盖尔时的情况一样,经过一段时间之后,他突然又决定要开口和院方的员工们说话了。这个举动当然又引起了院方人员的惊讶,不过我已经能够抱着平常心来看待。至于凯文,他一开始会有些不好意思,不过很快就适应了,只是我在他的脸上完全找不到任何喜悦的味道。

一如上次一样,我还是问他为什么突然决定要开口说话。结果他的理由和一年前的那一次没有什么差别。他说他不知道。我相信他说的,因为我不认为他知道。至于杰夫的解释则是,凯文已经厌烦了老是一个人住一个房间,问题是如果他不开口说话,院方就不会给他安排室友,所以他就开口说话了。

凯文结交到的第一个朋友是一个叫作路比的男孩,他很喜欢路比，很快就和他建立起很好的情谊。没多久，院方就让凯文搬过去和路比住。有了室友之后，凯文显得比较快乐。只是，如此也造成了杰夫和我的不便，因为当我们和凯文面诊时，就无法再像以前那样可以保有隐私性了。最后我们决定把面诊地点改到治疗室去。

在决定开口说话之后，凯文虽然称不上进步神速，但是他的进步却非常稳定。然后，他慢慢地又开始对外面的世界产生起兴趣来了。注意到这个现象后，杰夫和我都不停地鼓励他去争取院方所给的奖励分数，等到分数累积到可以换一张外出证时，我们就可以一起出去玩。凯文也真的非常认真地在进行着这项计划。

现在唯一让凯文感到恐惧的东西就是水。除了洗澡时淋浴喷头的流水他还可以忍受之外，其他只要有关水的东西，都会让他感到很害怕，甚至只是想象都会让他全身打哆嗦。有一天晚上，当我在院中陪伴他的时候，他突然对我提出了一个要求。

"桃莉，有没有可能……也许……或许……如果我得到外出证的话，你可不可以……呃，你可不可以带我去游泳？"

"游泳？"我觉得太不可思议了。

"你愿不愿意带我去？你可不可以带我下水？我们应该去哪里呢？你知道有地方可以游泳吗？"

想到这个提议我不禁微微笑了起来："当然有，当然有地方去，只要你真的确定你要去游泳。"

他真的言出必行。但是他告诉我，这是我们两个人之间的秘密，不可以让杰夫知道，他要给杰夫一个惊喜。当凯文在对我说这些话的时候，他对我神秘地微微一笑。他要让杰夫觉得这个人是凯文也是布莱恩。

为了要达成这个目标，凯文很努力地配合院方所有的规定，以期能够在一月初的时候和我一起外出学游泳。那个伟大的时刻终于来临了。那天他在医院门口和我碰面的时候，手上还提着用纸袋装的泳裤。他显然是非常的害怕，但是属于布莱恩的那份光彩正在他的眼中燃烧着。

我们之所以选在星期五的黄昏去游泳池，是因为这个时候杰夫还有工作在身无法和我们同行，再者，就是这个时候几乎没有人会去游泳。我们大约在五点半的时候抵达游泳池，换好泳装之后我就坐在池边等着凯文。我把脚伸到池中泡水，同时伸长了耳朵听着男更衣室中的动静。

过了好一会儿不见凯文出来，我走到男更衣室的门口，细声地叫着："凯文？"

没有回答。

"凯文？凯文？你在里面吗？"

还是没有回答。

"凯文？"我紧张得不停地到处张望着叫他，"凯文？你准备好了吗？你在里面吗？回答我，好不好？"

还是没有回答。我感到事情不太对劲，决定进去看看是怎么一回事。一阵左顾右盼，见四下无人之后，我轻手轻脚地走了进去，一边不停地小声轻叫着："凯文，回答我呀，你到底在哪里啊。"

我终于找到他了。他就坐在更衣室最尽头的长凳子上，身上只穿着一条内裤，泳裤则被他拿在手中。我看到他不停地抽搐着。

"这到底是怎么回事？"我在他的身边坐了下来。

"我不知道怎么穿游泳裤。"他伤心地说着。

"嘿，嘿，嘿，"我伸手搂住了他，"我知道你很害怕，可是这没有什么好哭的。"这幅景象真的让我感到很不好意思，一个女人坐在男更衣室中，手中还搂着一个十七岁的大男孩，不知人们看到了会有什么想法。

"把裤子给我，让我来想想看。"我伸手过去接过了泳裤。

老实说，我也不知道该怎么穿这种东西。更糟糕的是，就在这个时候，一位下半身裹着一条毛巾的男士走了进来，一看到我，迟疑了片刻后，他又走回到门口确认自己是不是走错了地方。我费了好一番唇舌才向他解释清楚我们的状况，同时也顺便请他教凯文怎样穿泳裤。

从更衣室出来之后，凯文一直不敢靠近游泳池，只是害怕地坐在池畔的长椅上，任我怎么说，他就是不愿移动他的脚步，于是我告诉他我在浅水区的台阶处等他，然后留他一个人坐在那张长椅子上。

我在浅水区的台阶上坐了下来,水深只到我的腰部。凯文则是犹豫了好一会儿后,才缓缓地、一寸一寸地往我身边移过来,然后在我的身边坐了下来。对于他的这个举动我并没有说什么,只是和他聊一些平常的事情,就像两个好友一样聊着天。心照不宣地,我们两人都明白凯文的勇气正渐渐茁壮成长,他越来越健康了。

"你知道吗?"

"知道什么?"

"还记得去年吗?还记得去年我们去喝热巧克力的那个晚上吗?"

"我怎么会忘记呢。"我忍不住咯咯笑了起来。

"这次的感觉就和那次有点像,对不对?"他微笑着说,同时手指还无意识地划着池畔的水泥地,"还记得那时我有多么害怕吗?现在想想就会觉得自己当时很蠢,我是说我竟然会怕成那个样子,还尿湿裤子。还记得那件事吗?老天,那时我整个人都麻掉了。"

他转头凝视着我。"你喜欢我,对不对?"他问道,声音中带着强烈的信心。

我不加思索地点了点头。

"就是因为你喜欢我,所以你愿意陪我做这些事情,所以你不会嫌我笨,对不对?这一切都是因为你喜欢我。"

"是的。"

他对我微微一笑,更正确地说是在对他自己微笑,然后他弯下腰开始抠起他的脚指甲:"我早就知道你喜欢我的。那种感觉很好,能够知道这件事真的很好。"

六点过去了,七点过去了,时间已经八点多了,到了九点游泳池就要关门。但是凯文到此刻为止还是没有下水。

我滑进水中:"来,把你的脚给我。"

凯文只是看着我,身体一动也不动。

"只要一只脚就好了,伸过来,伸到我这里。"

他紧紧地抓着水泥地,小心翼翼地缓缓地伸过一只脚。我轻轻但却稳稳地抓着他的脚。然后我慢慢地把他的脚提到水面,再用我的另一只手撩水起来淋他的脚。在做这些事情的同时,我还不停地和他聊天,以免他的心思过于集中在水上面。

我们这样持续了好一会儿,突然他把他的脚抽回,慌张地乱踢水,踢得我全身湿答答的。"我不行,我就是不行,"他哭喊着,"我真的不行,我不敢。"

"没关系,没关系!时间到了你自然就会有勇气。"

我再度把他的另一只脚抓到水面上,这次我不用水淋到他的脚上,而是把水淋在我的手臂上。即使这个样子,他还是忍受不了几分钟,很快地又把脚给抽了回去。

"你为什么会这么害怕呢,凯文?这里有些小朋友的年纪都很小,可是他们都不会害怕水,为什么你会那么害怕呢?"

"我不知道。"他回答道。

"你是不是觉得你会沉下去还是害怕什么别的？我还记得我第一次下水的时候，就有那种念头，那时候我真的好害怕。可是现在我已经不会害怕了。"

"我没有办法。"他说。

"你不会有事的，救生员就在那边，他会救你的，再说我也会把你抓得很紧不会让你掉下去的。你看，真的没有什么好怕的，凯文，真的没有什么好怕的。告诉我，你为什么会害怕呢？为什么连把脚放到水里都会怕成这个样子呢？"

凯文的头垂了下来。

"我不知道我为什么会害怕。真的，我真的不知道。"

"没有关系，凯文，这种情况会慢慢地过去。就像以前的那些恐惧一样，它们都会过去的。看看以前你害怕的东西那么多，现在大部分都已经过去了，这次也一样会过去的。"

凯文伸出手指碰碰水："我不知道，我就是觉得我会沉下去，不管别人怎么说，我就是知道我会沉下去。就是那种感觉让我感到很害怕。"

他跪了下来，双眼注视着池中的水。小心翼翼地，他用手碰了碰水，然后看着水面上的水波纹。

"有时候我做梦，"他说，"我会梦到一个湖。以前我跟你讲过这件事情吗？"

我摇了摇头。

"以前我每天都会梦到它,现在只是有时候会梦到。有一个像这个样子的湖,我不知道那个湖在什么地方,我醒着的时候从来没有见过那个湖。在梦中,我听到妹妹在叫我,她就在湖的对面,在湖的对面不停地哭,她非常害怕。我不知道她在怕什么,可是我就是知道那是她。我不断地听到她在为我哭,我知道我得去找到她,但是根本没有路可以过去,唯一的一条路就是涉湖。而我知道如果我从湖中过去的话,就一定会沉下去的。那个湖水真的很黑,黑得像是黑夜的夜色一样。"

凯文坐回到池畔,望了望我,然后又跪了下来。他不语地望着池水的水面。

"黑色的湖水。不像这个,这是绿色的水,看起来很干净。我知道我必须要进入那个湖里,问题是我知道如果我进入那个湖里我就会沉下去,可是我又非去不可,因为没有半个人在那里,没有人可以帮凯洛。我跑到湖堤上,扯开嗓门对着凯洛大叫。突然我掉到湖里,湖水深不见底,我拼命挣扎,可是越挣扎就越往下沉。那个湖水非常的黑,我感到呼吸困难,也看不到任何东西。我听到凯洛的哭声越来越凄厉,因为她知道我掉到湖里起不来了。我拼命挣扎,但是就是起不来,就是不停地往下沉。我没有办法救任何人,我没有办法救凯洛,我也没有办法救我自己。"

"那是一个非常可怕的梦。"我说。

凯文点点头:"那是个噩梦。然后我就醒过来了,我觉得想要吐，我真的很害怕，那种感觉就好像自己快要死掉了一样。每次我做那个梦时，就会觉得自己濒临死亡，我真的很害怕。如果真的让我看到那个湖的话，我一定会掉下去，我知道一定会是那样的。"

"你不用担心，凯文，"我说，"我也有过那种梦，每个人都有过那种梦的，你不要太担心了。"

第15章

杰夫的离开

> 这时我突然觉得有一股深切的情绪涌了上来，我好想大哭一场，为他这悲惨的人生大哭一场。十七岁，本应是人生最璀璨的时刻，而他的人生却是如此的充满苦难。我不知道他这小小的年纪，怎堪承受这十七年来无尽的折磨、漂泊和无所归属。

我和杰夫合作过许多案子，两人的默契十足。由于平时我在诊所附近的一所学校中还有另一个面诊，我到诊所的时间自然比杰夫要晚许多，也因此我已经很习惯在一进到办公室的时候就看到杰夫在那里。

那个星期一的早上，我怀着兴奋的心情要把凯文的事情告诉杰夫，是关于噩梦的事情，而游泳是凯文和我之间的秘密。到了诊所，没有看到杰夫，我觉得有些失望，过了一会儿我跑去问秘书小姐有没有看到杰夫。

"难道你不知道吗?"她一脸惊讶地问我。

"知道什么?发生什么事了吗?"我一头雾水地问她,从她的表情我看得出来一定有什么事情不对劲。

"难道罗森道先生没有告诉你吗?"

"告诉我什么呢?"

我的心中有一种不祥的预感,一定是杰夫出什么事了。看到大家都不说话,我又紧张的地问:"到底发生了什么事?"

"他们要辞退杰夫。"

"什么?"

"他们要他在星期五晚上就走人。"

"我不懂你的意思。他们炒他的鱿鱼?杰夫?为什么?"

"也不是炒他鱿鱼啦,他们是推荐他到加州的一家戒酒协会工作。"

事情的经过是这样的,他们发现杰夫是个同性恋者,觉得他不适合从事与儿童有关的工作,于是推荐他到别的地方工作。不过在和杰夫相处了这么久,也合作过六个儿童的案子,包括凯文的这个案子是第七件,他一直是个非常称职的精神科医生,而且他对孩子真的很在行,更何况我现在又这么需要他的帮助,我不懂为什么要让他走人。

现在我最大的烦恼是凯文,我不知道该怎么向凯文提这件事,我不知道该怎么让他了解这一切。对他而言，这只不过又一次证明他身边又多出一个不值得信任的人，这个不值得信任的人，连再见都没有说就要从他的生命里消失。我越想越伤心，竟然不知不觉地哭了起来。

下午四点三十分，我收拾好东西去医院看凯文。当我走进他的房间时，他正坐在床上专心地看着他的拼图书。路比则躺在他自己的床位上呆呆地盯着天花板。

"你来这里干什么？"凯文抬起头来看着我，"今天应该轮到杰夫来才对。"我还来不及说什么，他又继续说，"你猜怎么着？我今天又得到了十二分。等我累积到六十分的时候，我们就可以再出去游泳了……"

我默默地看着他。

话说到了一半，凯文突然停下来观察着我的脸："杰夫呢？"

"杰夫没有来。"

他知道事情不对劲，而我则不停地思索着该如何向他解释这件事。

"我们遇到了一些问题，凯文。杰夫以后再也不能够和我们一起讨论事情了。"

"呃？这是为什么？"凯文的眼神警惕起来，"你说这话是什么意思？杰夫发生什么事了？"

"呃，这件事情有点不知道要从何说起。杰夫必须要离开，他决定搬到加州去住，同时他也在那里的一家诊所找到了工作。"

凯文的眉毛皱了起来："为什么？怎么会这样呢？是不是我做错了什么？他从来就没有和我提起过要去别的地方呀。"

"呃，凯文，"我在他的身边坐了下来，将手搭在他的肩上，"你没有做错任何事，杰夫也不是真的要离开。这件事情和我们两个人都没有关系，也和这里的任何事情都没有关系。那也不是他的选择。只是发生了一些事情，而诊所里面的人觉得如果他离开的话，对他自己和大家都比较好。"

泪水在凯文的眼眶中快速地凝聚着，他也丝毫没有要掩饰的意思："他们是一堆白痴笨蛋。"

"没错，我也是这样觉得。"

凯文无法控制自己的泪水。

"发生这种事情我也感到非常难过，我知道你很喜欢杰夫，我也很喜欢他，他是我们最好的朋友，对不对？虽然他的离开让我们感到很难过，不过我要你知道，这件事情和你没有任何关系，和这里事情也没有任何关系。杰夫的这个决定另有原因。"

"可是他为什么不告诉我他要离开呢？"

"他也是到最后才知道的，他也一样没有告诉我呀。可是，我相信，如果他能够告诉你的话，他一定不会隐瞒你。"

凯文望着他手上的书本。我可以听到他的呼吸声，那种伴着泪水的呼吸声听得直叫人心碎。

"为什么他要离开呢？为什么当我们两个人都希望他在这里的时候，却有人决定他应该到别的地方去呢？"

我长长地吐出一口气，心中衡量着该向他吐露些什么。我必须告诉他实话，问题是我不知道要如何向凯文解释这种情况。他接触的世界那么狭窄，我不确定他能了解。

"杰夫是一个同性恋者，凯文。你知道同性恋是什么吗？"

"大概知道一些。"

"同性恋就是当一个人想要有性关系时，他会喜欢和自己同性的人发生性关系。也就是说，男人会喜欢和男人发生性关系，而女人则会和女人发生性关系。"

凯文叹了一口气。

"这种事情时常会引起很多人的反对。很多人对同性恋并不了解，而人们总是会对不了解的东西感到害怕。他们害怕那些和自己不一样的人，所以他们就会想尽办法把那些人弄走。"

"这种事情我当然知道。"凯文说。

"这就对了。杰夫在他的那个世界中，显得和别人不一样，就像你在你的那个世界中也和别人不一样。人们因此而怕他，所以要想办法把他弄走。"

凯文又垂下头。一会儿后，他皱着眉头抬起头来看着我："但是，我不懂这又是为什么呢？为什么他这个样子就表示他和别人不一样呢？那和他的工作或是我或是你或是任何的事情都没有关系啊。他们为什么要在乎这种事情呢？"

星期三早上，杰夫到办公室来清理打包他的东西。那天下午当我去看凯文时，凯文提到杰夫有过来和他聊天及跟他道别的事。

"我干吗要在乎呢？"凯文冷漠地说，"我才不在乎他发生什么事。我恨不得当他到了加州的时候就直接掉到太平洋里面去。我希望加州赶快来个大地震，把整个加州都沉到太平洋里面去。只是，那样可能会造成海洋污染。"

"哦，我明白你的意思。"我说。接着我站了起来走到置物盒旁边，打开置物盒，从盒中摸出一本漫画书给凯文。

有一天凌晨，大约两点半到三点之间，我的电话突然铃声大作。当时我睡得很沉，一直到和对方讲完电话之后，我才真正清醒过来，开始思索刚刚那通电话的内容。

那是莫坦森医院的护士打来的，她问我可不可以马上到医院去一趟。她说凯文被关在隔离房里，情绪非常激动，连他自己都无法控制，无法让自己冷静下来。他手上拿着一个金属块，不停地抓着门把手想要破门而出，闹得大家都束手无策。

我在昏暗的清晨打着哆嗦下了床，那通电话的声音依旧在我的脑海中徘徊，我的意识越来越清楚。拖着疲惫的身体我站了起来，打开灯，转身到楼上去穿衣服，然后开着车直奔医院。

远远的，我就听到凯文的尖叫声，他不停地哭喊着"让我出去！让我出去！让我出去！"在和警卫稍做讨论后，他们便叫一位护士带我过去，所有的病人都带着一种奇怪的眼光看着我。在等待护士开第二道门的时候，我还清楚听到员工们惊慌的声音。他们正焦虑地讨论着对策。

这里的隔离室和盖尔中心的隔离室无法相比，这个隔离室小得可怜，而且也没有铺设护垫。凯文的东西散落得到处都是。其中一位护士指出，凯文有自杀的倾向，而且还把凯文准备要用来上吊的东西拿给我看，还示范了一次凯文刺他自己的动作。三个男职员守在隔离室外，不时地从小小的洞口往里头张望，生怕凯文又做出什么预想不到的事情来。凯文的手上还握着那个金属块，但由于他实在是太过凶猛，他们几个大汉也无法制服他，所以也无法把那块东西夺下来。

我的肾上腺素不停地在增加，整个人也跟着紧张起来。我可以听到血液冲过我耳朵的声音。我的手虽然没有发抖，但是我可以感觉到我的肌肉正在抽搐，一股莫名的恐惧缓缓地从我的背脊爬了上来。此时我脑中唯一能够想到的就只有凯文。

"凯文？是我，凯文。你能听到我说话吗？"我站在门口叫他，然后我伸手拉开门把手走了进去。他就在房间的最里面。看到我进去，他只是冷冷地看了我一眼，不过尖叫的声音却从未停止。我静静地站在那儿，看着他继续发泄着怒气。

凯文根本无法说话。我猜他可能连我说话的声音都没有办法听到。愤怒早已掩盖了一切,此时的他已经完全失去了理智。他嘶哑地尖叫着,双手用力抓着头发。凯文没有靠近我、没有威胁我、没有攻击我,好像我是一个隐形人。他的手上依旧抓着那个金属块。在这种情形下,除了等待,别无他法。我只能等,等到他疲劳,等到他无力为止。

终于,凯文喊累了,他崩溃了,整个人瘫在地板上。我小心翼翼地跪了下来。他没有动。我慢慢地、一寸一寸地爬了过去,他就在我眼前不远的地方。

"凯文?"我轻轻叫着,"你能听到我吗,凯文?"

我慢慢爬到他的身边,伸手去摸了摸他的额头。他全身不住地颤抖着。我顺手摸着他的头发。这时我突然觉得有一股深切的情绪涌了上来,我好想大哭一场,为他这悲惨的人生大哭一场。十七岁,本应是人生最璀璨的时刻,而他的人生却是如此的充满苦难。我不知道他这小小的年纪,怎堪承受这十七年来无尽的折磨、漂泊和无所归属。

他还是不停地发抖,呼吸声夹杂着哭泣的声音。我很担心他是不是受了伤,是不是在那阵无法自拔的狂风暴雨中伤到了自己。慢慢地,他睁开了眼睛,注视着我。

我微弱地对他笑。

他勉强用手肘支撑起自己痛苦的身体,缓缓地向前滑动,滑到我的面前时,静静地把头靠在我的膝盖上,接着伸出一只手紧抓着我身上的毛衣，然后用力一提，把头埋进我的毛衣中。显然他非常疲劳和虚弱，整个人软绵绵的。

他开始哭了起来，眼泪不停地往下流，却一点哭声也听不到。他那沉重而有节奏的啜泣声，正一点一滴地撕裂着我的心。我默默扳开他握着金属块的手，拿开那块金属块。

这时门被打开，几个护士走了进来，但是没有人敢靠近一步，大家都远远站着，只有一位个子瘦小的护士敢过来。她端着一些药品和针筒来到我们身边。她小心地靠近凯文，然后跪了下来，在他的臀部打了一针。凯文好像早就已经麻木了一般，竟然一动也不动，好像丝毫没有感受到这一切。

收拾好针筒后，她对我甜美地笑了笑说："我们不知道要怎么感谢你为我们做的这一切。"

我不知道他们要谢我什么，因为我其实什么也没有做。

第16章

过去的最后一片拼图

"大多数人是因为心里生锈而死的。那是一种肉眼看不见的癌症。它就在你的心里面,你可以感受得到它的存在,它也会一点一滴地侵蚀着你的内心。当你对这个世界感到了无希望的时候,你的心就会生锈,然后它们就再也无法使用了,有时候它甚至会比你的肉体先腐烂掉。只是当你的心死掉的时候,一切事情也就不再重要了,因为你已经死了,而肉体不过是个空壳罢了。"

凯文又停止说话了,这次他不仅不和院方的员工们说话,也不和我说话。他整天躺在床上一动也不动,躲在被子里面,不愿回答任何问题。他的情绪非常沮丧,而且比上次还要严重。他会从这面墙撞到那面墙再撞到另外一面墙,从这个角落撞到那个角落,就好像是一只被困在笼中的野兽。没有人有办法让他安静下来,就连我也没有办法。他唯一安静的时刻,就是打了镇静剂的时候。

杰夫离开以后，所有的重担又都落回到我一个人的身上，而且我没有办法再像以前那样每天去看他，因为我还得处理杰夫留下的一些案子。我还是时常会在半夜的时候接到院方打来的紧急电话，时常得在寒夜中赶到医院去处理凯文的事情。

我们其实无法经常一起做些什么事情，因为凯文现在已经被转移到另外一间小房间里，那个房间的陈设还没有原先那个房间好：没有窗户，也没有路比。大部分的时间，凯文只是躺在床上，把自己闷在棉被里面，一句话不说。我唯一能做的就是坐在他的旁边自言自语地和他讲话，在得不到他任何的回应下，最后甚至不知道该怎么讲下去，我真的快要疯掉了。

这种情形持续了一段时间之后，我开始带一些书到凯文的房间，大声地朗读给他听，凯文则还是继续缩在他的棉被底下，也不知道有没有在听我念故事。反正不管他听不听，我就是一个故事接一个故事念下去。有一天我念到了一则短篇的神话故事，主角有王子、巨人、女巫和一位重要的政客，有一次这个女巫把那些主角人物都抓来，强迫他们承认这个世界上根本就没有太阳，那只是一场梦罢了，太阳根本就只是一场梦而已，它并不是真实的。

听到这一段，凯文突然掀开棉被说："这个世界上有很多事情都只是梦而已。"这是两个星期以来他第一次开口跟我讲话。

我只是望了他一眼，没有回应也没有站起来。

"这个世界上有很多事情都只是梦而已。"他又重复了一次，

"可是也有一些事情不是梦。"

我点了点头。

"有的时候,我会分不清哪些是梦而哪些又不是梦。"他还是躺在那里没有动,棉被盖到他的肩膀上,"有时候我根本不想把它们分清楚,我不想知道什么是真的什么是幻想。也许一切都是我的幻想,也许杰夫会回来,也许他根本就没有离开过,也许我只是在做梦,很快我就会醒过来的。"

"我可一点都不认为那是一场梦,凯文。"

他从棉被的边缘望着我:"你不是梦,你是真实的。"

"没错,我是真实的。"

"我也这样认为。"他说。我分不清这个事实是让他松了口气还是让他更沮丧。

"可是,我真的不想知道。"他说,"我希望我不要知道,我希望我可以只相信我想要相信的。我希望我永远都不要分辨出它们两者间的差异。"

我无言以对。

"我希望继续疯下去,因为我觉得那样子最好。"

沉默了好一阵子之后,凯文又从棉被的角落偷偷望着我,这是这么久以来他第一次直视着我。然后他用手肘稍稍把自己支撑起来:"你不相信我说的,对不对?"

"我不想去相信。"

"发疯是好的。我以前告诉过你，现在我还是要这样说。还是发疯比较好，因为在这里，如果你不发疯，那你就只能做梦了。如果你没有发疯，如果你活得太真实，他们就会来给你打针，打完针之后，你会生不如死，你会觉得自己好似飘在半空中，那是一种死亡或者是半死的感觉，你只是个行尸走肉，你只是肉体还活着，但是心却已经死了。这种情形会不停地循环。"

"那不是人生，凯文。那样的人生算什么人生呢？"

"谁需要人生呢？这样的人生又算什么人生呢？"

"当你抱着那样的态度来看待人生的时候，凯文，什么样的人生在你看来都没有意义。"

他又躺回床上，眼睛盯着天花板："发疯并没有那么糟糕，桃莉。发疯后人们就不会来烦你，也不会来找你麻烦了。"

"我可不认为你疯了，凯文。我猜你是在玩一种游戏，你和所有的人都在玩游戏。我甚至觉得你玩这个游戏玩得太久了，你已经分不清哪些是游戏，哪些是真实生活，你把假戏当成真。我想你已经忘记不玩游戏是什么样子了。不过，我真的不觉得你发疯了，凯文。路比是发疯了，但是你没有。"

"我和路比一样，我们都是疯子。"

"不，你不是，凯文。你是一只狐狸，你是一只在地上跑的狐狸。"

"我看到'他'就是那样做的。"

我沉默不语，心中觉得有一股强烈的挫折感。

"我看到'他'。他说，凯文，过来这里。他说，看看你的妹妹做了些什么事？她尿在地板上了。他说，你去把它擦干净。我不想和这件事情有任何的关系。"

"凯文，你到底在说些什么？我怎么都听不懂你在说些什么？"

他看着我："你以为你知道很多。你想要知道我发疯的真正原因吗？你想要知道为什么我会在这里的真正原因吗？"

我没有回答。

"我手上没有东西可以去擦地上的尿。我只能呆呆站在那里，因为我害怕我只要动一下他就会过来对付我。然后他说：'用你的手擦呀。'于是我走过去，想要用我的手把那些尿擦掉。他又说：'你妹妹尿在地板上，你说我应该怎么来罚她才好？'当时我的母亲就站在旁边，他叫她去厨房拿辣酱，而我的母亲竟然真的照他的意思去拿辣酱。接着他便用力地抓住凯洛的头发，用力往后拉。他说：'我要你把这个喝下去，谁叫你把地板尿湿了。我看你以后还敢不敢在地板上尿尿。'"

棉被从凯文的肩膀滑下来。他双手紧紧抓着棉被，整个脸色都泛了白。

"看到凯洛不愿张开嘴巴，他就用双腿夹住凯洛，用力把她的头往后拉，迫使她痛得张嘴大哭。然后我看他狠心地把那瓶辣酱往凯洛的嘴里倒。凯洛失声尖叫，我也跟着尖叫。看到我们惊慌害怕的样子,他竟然得意地笑了起来。他转过头来对我说:'这个办法一定可以让你开口说话,对不对?你感受到了,对不对?我还想要听你多讲一些话呢!'于是他又用力把妹妹的头往后拉,然后将辣酱不停地往她的嘴里倒,一直倒一直倒一直倒。我一直尖叫着,对着他尖叫也对着我母亲尖叫。我对母亲说:'你为什么不阻止他呢?!'我用力打他,失声尖叫,但他却冷漠地大笑。"

"一瓶辣酱倒完,他猛然放下凯洛,然后命令她马上尿给他看。他说:'我叫你尿的时候你就得尿,我要是没有叫你尿,你就不可以尿。'他命令她把衣服脱掉,然后他说:'现在,尿!'当凯洛蹲下去要尿尿的时候,他就用力往她的私处踢过去。又说:'我说过,不可以随便在地上尿尿。'看到凯洛痛苦地大哭,我跪下来求他,我答应他我会跟他说话,只要他住手,我什么都答应他。"

"后来,凯洛大呕大吐了一番,还把东西全都吐在了他身上。这一来无疑火上浇油,他开始对凯洛咆哮,说她不应该那样做,说她这回有罪受了,说他要给她更严厉的处罚。说完便一把抓起她的头发拖着走。我追在她的后面,结果他反而跑过来踢我,一次又一次地踢我,踢到我尿血,血尿染湿了我的裤子。他把妹妹拖到一把摇椅旁,将她抱到摇椅上,命令她把头紧靠着椅背。然后,他大力摇着椅子,椅背撞到地板的同时,妹妹的头也一次又一次撞在地板上。"

"我对着他又哭又叫。可是我的母亲,她却一动也不动地站在那里，任凭他残忍地折磨妹妹。我哭喊着求母亲：'你帮帮她，叫他住手！'但是她只是站在那里。她说：'让他们去吧，别管他们，这不干你的事！'"

"终于，他满意地站起来，但是凯洛却一动也不动了。她直直地躺在那里。他说：'这就是要告诉你，告诉你谁才是这个家真正的主人，这个主人绝对不会是一个会在地上撒尿的小女孩，绝对不会是一个连大字也不认得几个的小女孩。'他这番话意在羞辱凯洛，因为凯洛才读一年级，而且读一年级时就留了级。我真的非常恨他，恨他为什么要说这些话让凯洛难过。我真的很想杀了他。"

"'现在，给我站起来。'他对凯洛说。她还是躺在那里没有反应。我看到她在流血，血从她的耳朵里汩汩地流出来。我非常着急，心中不停地祈祷希望他不要看到血，否则他又要大发脾气怪凯洛把地板弄脏。看到凯洛没有动，他开始对她咆哮：'起来，凯洛，你听到没有，现在就给我爬起来。'凯洛依然没有动静。一气之下，他走到厨房拿来一个平底锅：'起来，凯洛，再不起来你看我怎么修理你。'还是没有动静。于是，他举起那个平底锅往凯洛的头上拼命地打下去，他一直打一直打……"

"你知道吗？我亲眼看到她的脑浆在地板上四溢，就在我面前的地板上，近在咫尺，我甚至伸手就可以摸到它。你知道吗？我只要伸手就可以摸到凯洛的脑浆。"

讲到这里，凯文突然停了下来，因为他听到有人接近的声音。

几个医护人员旋风似地进来又出去。凯文轻轻地转过身，眼神凝视着某个地方："我母亲也看到了，整件事情她都看得一清二楚，但她却只是站在那里。她竟然说：'让他们去吧，这件事情和你没有关系。'她没有采取任何的行动。"

回到办公室之后，我翻出社工人员曼芝的电话号码。

"我是桃莉·海顿，你还记得我吗？"我说，"我是凯文的治疗师，在莫坦森医院的治疗师，你还记得吗？"从她的声音判断，我猜她早已经不记得凯文和我了。

"在凯文过去的记录中，是否曾经发生过一起关于虐待儿童的意外事件？"我问她，"这是一个非常严重的问题，曼芝。在那次的意外事件中，是不是有一个孩子受了重伤或者是被虐待致死呢？"

"凯文·李斯特。嗯……我看看，让我想想看。"过了好一会儿，她告诉我说稍晚再打电话给我。

那天下午两点三十分的时候，我跑到会客室去喝咖啡，一边喝还一边和秘书小姐聊天。这时电话铃声响了起来。

"桃莉？"

"什么事？"

"我是社工人员曼芝。我帮你找到一份凯文的档案。我已经看过了，的确是曾经发生过一次意外事件，不过那已经是很久以前的事了，大约有九年了。有一个叫作凯洛·李斯特的七岁小女孩，在一次家庭纠纷中被她的继父虐待致死。很显然，当初他是喝醉了。他被判了四年徒刑。"

"他杀死了一个孩子却只判四年？"

"没有办法，事情就是那个样子。"

"档案中还有别的事吗？我的意思是说，是否还记录着什么不可告人的家丑呢？"

"没有，没有什么特别的事。不过如果你想要知道所有的细节部分，不妨自己去看凯文的这份档案。"

其实这一切都是当局主事者的不负责任造成的。凯文的继父一再虐待那些孩子，但是那些孩子最后又都被送回继父和母亲的身边，即使在凯洛被虐待致死后，情况依旧没有得到改变。在他们的五个孩子中，有三个现在已经永远离开那个家了。

"怎么会这样呢？"我问她，"社会福利机构对凯文的继父虐待孩子的事情这么清楚，那为什么盖尔收容中心的档案，对那些事情却只字未提呢？我已经帮他治疗了十八个月了，却对这些事情一无所知。"

迟疑了片刻，她说："呃，当初我们觉得这样做会对他比较好。我们觉得在凯文进入儿童收容所时，假如能够有一个全新的开始，对他可能会比较好，所以我们才没有把那些事情记录进去。这个孩子过去有过许多偏差的行为，人们对他都心存极大的偏见，都觉得他已经无药可救了。所以我们才会想把他过去的那一段给抹掉，让人们可以重新去评估他，不会因他的过去就判了他的死刑。那样也许会对他好一些。"

"问题是，凯文从来就没有把他的过去忘记，曼芝。"

"呃，这……"

"当初是谁决定要那样做的？是谁决定不把凯文的过去告诉盖尔收容中心的？"

"那是大家一致的决定。"

"谁的决定？大家是谁？"

"我猜是我们社会福利机构的人员。"

"我相信你很清楚，要是我能够在一开始就知道那些事情的话，我的治疗进度就会容易多了，因为凯文目前的行为就是那些事情所引起的。"

"这个我知道，可是……"

"是不是还有什么我应该知道却不知道的事情呢？"

她叹了一口气："我想如果凯洛的事情你都知道的话，那么其他的事情你也应该都知道才对。"

我和凯文之间的情况并没有好转。我想我对事情太过于乐观了。我一直以为只要我把这过去的每一个片断都找到，便可以一一把它们拼凑起来，然后就可以把凯文所有的心结都解开。事实却不然。凯文又退回到以前那个不愿开口说话的状态中，我们两个人的生活好像完全没有任何交集。

我还是继续念书给他听。我们在一起的每一天、每一个小时，我几乎都在为他念书。有时候，当他想到什么事情时，便会和我讲讲话，不过大多时候我们都没话讲。

"我不认为这个世界上有上帝。"有一天下午他突然对我说。

当时我正在读一本很棒的书，一听到他这句话，我便停了下来。

凯文转过头来看着我："你相信这个世界上有上帝吗？我认为这个世界上根本就没有上帝的存在。"

"你为什么会那样想呢？"

"因为上帝不会创造一个这么残忍的世界，有那么多的人得不到任何一点爱。如果这个世界是有计划创造的，那么每个人都应该可以得到很多人的爱。"

"每个人都会得到很多人的爱，凯文。而且可能已经非常足够了。"

"不，不，没有的。这个世界上有很多人得不到任何人的爱。我是指真的爱，人们不会因为你的不同就不爱你的那种爱。"

"呃，我必须承认，我不认为这一定是上帝的错。上帝已经赐给我们所有的设备，只是我们没能好好去利用罢了。"

"嗯，你根本不知道我在讲些什么，你一点概念也没有，桃莉。你已经得到爱了，不是吗？你一直都有很多人爱的。"

我没有回答。

"对不对,你有很多人爱你,对不对?"

"是的,我是有很多人爱我。"

"所以你根本无法体会那种感觉,你根本无法明白我说的那种感觉,你根本不知道没有爱是种怎样的体验。"

"也许吧,也许我真的无法体会。"

"你知道大多数人的死因是什么吗?"

我摇了摇头。

"是因为心里生锈而死的。那是一种肉眼看不见的癌症。它就在你的心里面,你可以感受得到它的存在,它也会一点一滴地侵蚀着你的内心。当你对这个世界感到了无希望的时候,你的心就会生锈,然后它们就再也无法使用了,有时候它甚至会比你的肉体先腐烂掉。只是当你的心死掉的时候,一切事情也就不再重要了,因为你已经死了,而肉体不过是个空壳罢了。"

我很沉默,一句话也不说。

"所以在我的眼里,这个世界根本就没有上帝的存在,因为上帝不会创造出这样一个无情的世界。"

看到我还是没有作声,他转过头来看着我:"你现在有一点概念了吗?你现在能够体会到这个世界上有好几亿的人但却没有一个人是真正在乎你的这种感受了吗?"

"我在乎的,凯文。"

"可是，你又是谁呢？你只不过是个过客。终究，你还是会离开我的。你之所以在这里，只是因为这是你的职责所在。人们花钱请你来关心我。如果他们没有花钱请你来的话，你根本就不会来，你也根本不会在乎我的。"

"不是这样的，很多时候我来这里是没有钱可领的。"

"没错。可是在一开始的时候，你是为了钱才来的，那是你来这里的唯一原因。如果这不是你的职责的话，你根本就不会出现在这里的，对不对？说实话吧。"

"可是我的确来了呀。"

"可是你原本可以不必来的，对不对，桃莉？说实话吧，你不会来的。"

"你这样说是不公平的，凯文。那时候我又不认识你，我怎么来？"

"那么，我是说对了。"

我沮丧地叹了口气："你说的也许是对的。也许我原本是不会来的，但是，那时我还不认识你呀，凯文，你不能因此就指责我的不是，那根本就不是我的错。这世界上有数十亿的人我不认识，同样我也不能接受他们指责我不关心他们。这项争议的大前提就是不对的，凯文。关键不在于我是不是因为收了钱才来，关键在于我一来再来。除了你之外，我还要治疗许多小孩子，我可以不用再回来这里的，可是我还是一再回来。没有错，我是有领钱，但是那是我工作应得的，如果没有那些钱，我就没有办法再来这里了。如果我只是为了想要赚钱,那我大可以到别的地方去治疗别的小孩,老实说,他们都比你容易太多太多了,可是我还是回来你这里,所以你绝对不可以忽略我做这个决定的目的。发生的都已经发生了,再说,当初要不是他们知道我擅长这种工作,而他们也愿意付我钱,我就不会来这里了,我们也就不会彼此认识了。"

第 17 章

仇 恨

　　而此刻让我有所领悟的是，在凯文的内心，他对母亲有着什么样的感觉。她和几个孩子之间的关系是那样的复杂纠结。是怎样的母亲竟然会自愿放弃自己的孩子，是怎样的母亲竟然可以纵容兽性的丈夫虐待自己的孩子而不为所动。这样的人生经历，一定在凯文的内心烙下很深很深的伤痛，这种深切的伤痛可能我真的无法体会。

　　日子一天天地过去，转眼之间又过了一个月。我除了朗读还是朗读，整个治疗过程几乎没有任何可喜的进展。

　　那真的是一段非常诡异的时期。凯文和我说话的次数越来越少，即使说话的时候，他的语气也总是愤世嫉俗。他的这种愤怒情绪与日俱增，对我的态度也越来越粗鲁。我不知道这种态度是只针对我，还是针对所有人。总之，他的这种情绪和态度，已经明显到毫无掩饰的程度。

愤怒、仇恨，这些情绪在他身上随时都可以见到。他这种白热化的情绪，似乎又回到在盖尔收容中心时期的模样。唯一不同的是，这次连他自己都没有察觉，也没有去主导，那股情绪就在我们之间，日复一日地膨胀着。

面对着那种愤怒，我越来越紧张，我不禁担心有朝一日这种紧张的气氛上升到极点时，将会发生什么不可预期的可怕事情。凯文也从来不和我谈他深藏在内心的情绪问题。现在的他几乎是只问不说。

有一天下午，我到得有点迟，当我抵达时，我发现凯文在他那个小小的房间中，双手插在口袋里，来来回回地踱着步。起初我以为又是药物的问题，后来却发现他心不在焉而且非常烦躁。

"你迟到了。"我一进他的房间，他马上指责我，"你为什么迟到？"

"诊所有事情给耽误了。"

"现在已经五点了，你应该在四点三十分的时候到的。你整整迟到了半个小时。"

"很抱歉，凯文，可是另一个男孩有了点麻烦，我没办法离开。"

"我不在乎。我干吗要在乎其他的男孩呢？反正你就是迟到了。四点半是你应该和我在一起的时间，难道那个男孩不知道吗？你应该在四点半的时候就在这里和我在一起，而不是在别的地方和另一个人在一起。我讨厌等你等了整整半个小时。"

"很抱歉，害你不高兴。"

"迟到是你的不对,我没有不高兴。"他愤愤地坐在床上。

我从盒子中摸出一本书来:"你要不要来读读看?"这一天实在够我受的。再者,我也想让他朗读故事,看看能不能平稳一下他的情绪。"嘿,你来念,好吗?你念,我听,你觉得如何?"

凯文接过了书本,仔细地读着我们要念的那一页。突然间,他微笑了起来:"这就像是最初的时候,最初的时候,你还记得吗?很久很久以前,当你第一次到盖尔去看我的时候,你要我念故事。你还记得我当时的反应吗?"

我也笑了起来,觉得有种回到过去的感觉。

突然,他把书本往床上一丢:"我不要读。我读它干什么?"他的情绪开始不安,又来来回回地踱了好一会儿步。

他走到盒子旁边,把盒中的东西一样一样翻出来,然后又一样一样放回去。"这里面的东西都不好玩。"他喃喃地说,"你从来都没有让我玩一些有趣的东西,做一些有趣的事情。"

"那么你想要做什么呢?"

"我也不知道,一些有趣的事情吧。你从没有让我做过一些有趣的事情。"

"好吧,那你就稍微提示一下你想要做些什么。"

他耸了耸肩,想了好一会儿:"我想要画画,我已经好久没有画画了。那是我现在想要做的事情,可是你又没有准备画画的工具。"

"也许我们可以向院方附设的学校借一些来用呀。"我提议道,

"我知道他们有我们需要的东西。"

得到院方人员的允许后,我们两人便来到他们保存画具的储藏室。

"在这里。"我一边说一边拿了一些画纸塞到他的手上,"你可以带走这些画纸。你要用哪一种颜料呢?要蜡笔还是要水彩呢?过来,过来这边看。"

他站在我的后面和橱柜门之间,沉默不语。

"凯文,你要哪一种呢?"

他还是没有回答。

"凯文,过来这里看看你要哪一种。你要这些呢?还是要那一种呢?或者我们可以两种混着用,你觉得如何呢?你是画家,由你来决定。"

突然间,所有的灯都熄了,整个屋内顿时一片漆黑。

我摸黑转过身:"凯文?"

还是没有声音。眼前黑压压的一片什么都看不到。

"是你不小心碰到了开关还是停电了?要是停电,那可就糟糕了。"

我可以听到他的存在,但是听不到他说话的声音。我的脊背开始发凉,心中有种不好的预感:"怎么回事,凯文?是你把灯关掉的吗?"

我可以听到他往我这里移动的声音。在这个橱柜里只需往前走个一两步就已经没有空间了。我可以感觉到他已经非常靠近我了,他的身体靠着我的身体,但是我看不到他的轮廓。

"凯文,退后。"

他的身体紧紧地压着我。

"凯文,我说退后,你听到了没有,我不是闹着玩的。现在,请你往后退。"

他靠得更近。

"凯文,退后,听到没有,赶快退后。"

他的身体依旧紧紧地压着我,呼出的气息不断往我的脸上吹过来。恐惧充满了我的全身。

"别这样,凯文。别这样,不要这样,凯文。"

"我恨你。"他的声音低低地从黑暗中飘了出来,语气中充满了冷漠,有如刀刃那般的冷。他的双手在我的身上、在我的双肩、在我的胸前四处游移着。

"不要这样,凯文,快点住手。"

"我恨你!"

我非常的害怕,这辈子从来没有这么害怕过。此刻的我已经什么感觉都没有了,唯一的知觉就是恐惧。空气中悬浮着一股不可预知的悬疑紧张的气息。

他的手在我的衬衫上四处抚摸着,找寻着衣服的纽扣。他的身体紧紧地压着我,压得我几乎无法呼吸。

我很高兴今天穿对衣服出来。那些小小的扣子着实让他在黑暗中无法顺利得逞，同时我也拼命蠕动我的身体，让他不能如愿地解开扣子。不过，我还是不敢有太大的动作，因为我害怕会激起他的愤怒情绪。

突然，我听到一阵犀利的声音，他拉下了长裤的拉链。

"住手，凯文，快住手。"

"我现在是一个男人了，妈妈。我是一个男人了，我现在就要让你知道。"

"凯文！"

我们在黑暗中对峙了好一会儿，他不停地欺进，我拼命地闪躲。他放弃继续解开我的衣服的企图，我则是衷心感谢那条结实的牛仔裤和牢固的胸罩。

"我现在就表现给你看，妈妈。"他轻轻地说着。

"我不是你妈妈，凯文。"

"闭嘴，婊子。闭嘴，你给我闭嘴。"

我陷入一阵恐惧的沉默中。空气中弥漫着一股令人作呕的汗臭味。

"放开我，凯文，我不是你妈妈，是我，我是桃莉，我不是你妈妈。"

"闭嘴，婊子。闭嘴，你给我闭嘴。"他伸手抓住我的下巴，"我要好好地整整你，我要让你也尝尝那种痛苦的滋味。"

"你不会伤我的，凯文。"我对他说。他的身体紧紧地压着我，我甚至可以听到他那混浊沉重的呼吸声，甚至还可以感受到他那坚硬的下体正抵着我的左股处。

"是我，凯文。是我，不是别人。你不会伤害我的。"

"我说闭嘴！现在就给我闭嘴。我可不是开玩笑的。闭嘴！"他再度挺进，把我死死地钉在架子的角落上。他的怒气越来越高。

"把你的拉链拉上，凯文。把你的拉链拉上，把灯打开，我们赶快离开这里。"

"我恨你，你这个婊子！你这个婊子，婊子，婊子，婊子，婊子！我恨你，我恨你，我恨你，我恨死你了！"他嘶哑地哭喊着，声音断断续续的。

"我不是你妈妈，凯文，我不是她！"

"闭嘴！"他狠狠地打了我一拳。在那么近距离的情况下，他这一拳结结实实地打在我的脸上。我没有闪躲，因为在黑暗中，我不知道他挥拳过来。这一拳打得我耳朵嗡嗡作响。

我立刻回敬了他一拳。这一拳打得我有足够的空间可以转身打开所有的灯。我那一拳打得显然不轻，因为打开灯之后我看到凯文颓坐在地板上，双臂紧紧抱着头。地上有一些血渍，不过我不确定那是他的血渍还是我的。他在哭泣，因为痛苦也因为困惑而哭泣。我直直地站在那里看着他，手还停放在开关处。老实说，我心里一点都没有为他感到难过。

毫无选择地，我必须把这件事情报告给院方。在整件事情落幕之后，我还是感到非常生气和紊乱。虽然凯文在事前可能没有任何的预谋，而且当时他可能神志不清地把我误认为是他的母亲，但是不管怎么说，这件事对我是极大的羞辱。而要把这件事向院方的人说明，更叫人难以启齿。我想，当我在一开始要治疗一个十七岁的大男孩时，我就应该知道会有这样的可能性，只是我从来就没有认真考虑过。

这件事同时也让我对凯文内心的仇恨情绪做了重新的考量。一直以来，凯文仇恨他继父的心态是有目共睹的，但是经过这一次之后，我才发现，其实他真正仇恨的核心是他的母亲。毕竟，要恨他的继父实在是非常容易的事情，因为他害死了凯洛，他虐待家中所有的孩子。在凯文的心中，他并没有把继父视为家中的一分子，而是把他视为一个外人。因此，他对继父的恨既简单又直接，不须任何掩饰。而此刻让我有所领悟的是，在凯文的内心，他对母亲有着什么样的感觉。她和几个孩子之间的关系是那样的复杂纠结。是怎样的母亲竟然会自愿放弃自己的孩子，是怎样的母亲竟然可以纵容兽性的丈夫虐待自己的孩子而不为所动。这样的人生经历，一定在凯文的内心烙下很深很深的伤痛，这种深切的伤痛可能我真的无法体会。更重要的是，在凯洛遇害的那个晚上，凯文母亲那种事不关己的表现，其实已经埋下了严重的隐患。她不但背叛了凯洛，也毁了她和自己所有孩子的关系。对于那一切，凯文不但永远不会忘记，而且也永远都无法原谅。也许在十二岁被母亲放弃的时候，凯文已经先放弃了他的母亲。

所以，我一直不相信那个晚上凯文是刻意要把我困在橱柜角落里的。他没有任何的预谋，一切都是情绪长久累积的结果。白天，他还可以把自己控制得很好，而那个晚上的气氛，足以让他失去自我控制，让他的意识陷入混淆，让他把我误认成他的母亲。

分析出这些前因后果后，我的情绪还是无法平复，还是依旧停留在紧张的状态。我的脑海中除了羞愧与困惑外，没有任何感觉。我气自己身为专业人员，竟然会让自己陷于这种毫无抵抗能力的处境中，气我自己的专业判断竟毁在这次的事件中。

我现在知道该怎么做了。我知道明天下午四点半的时候，我必须到医院见凯文。我就像是一个被马摔下地的人，一旦让我爬回到马背上，我就永远不会再掉下来。因此，紧咬着牙，我又回到医院去见凯文。

凯文依旧躺在床上用棉被紧紧蒙住自己。

"好了，我已经不生你的气了。"

凯文依然不为所动地躲在他的被窝里。这下子我可真的发火了，我忍不住地对着他大叫："你毁了我们所有的努力。我努力地为你做了这么多，而你最后却背叛了我，你打从心里背叛了我。"

这一次我们两人似乎有种互换角色的感觉。凯文只是躺在那里，任我大吼大叫，他依旧一动也不动。

回到诊所后，罗道森医生把我找了去。莫坦森医院主治凯文的精神科医生温思劳医生也在场。

"我们刚才一番讨论后已经有了共识,我们一致认为如果你把凯文这个案子交由男性的治疗师来处理,可能对所有相关的人都会方便一些。"罗道森医生说。

霎时之间,我从原先的愤怒与羞辱转变为惊讶。依据我以往的经验,案子如果走到这一步,往往意味着这个案子已经没救了。

"这是我的疏忽,"我赶紧向他们解释,"如果给我多一点时间,我相信我可以和凯文相安无事的。"

"桃莉,我不认为这是明智之举。你年轻又漂亮,我们并不愿意看到那类的事情再次发生在你身上。再说,你也知道,凯文对他母亲一直有一股化不开的怨恨,也许正是这个因素,才会导致他把女性治疗师错认成他的母亲。"

回到家之后,我感到整个人四分五裂,沮丧不已。眼泪汩汩地流着,不知道为什么事情会演变成这个样子。难道就这样结束了吗?在十八个月的努力之后,现在一切都化为灰烬了?我们原本有机会成功的,但是现在呢?这个世界上有谁会真正在乎凯文?在我走出他的世界后,还有谁会愿意走入他的世界呢?没有,没有人会真心地去关心他、在乎他的。

那天晚上,正好一位多年不见的朋友来找我,我们出去喝了不少酒,因为我想要把凯文的事情全部抛到脑后,再也不去想,反正那再也不干我的事了。

第  章

重 逢

> 凯文肯定不知道我今天会来。我甚至没想到过去问一下他们是否告诉过他我要来,而很显然的,他们并没有这样做。看到我走进休息室,他瞪圆了眼睛,下巴都快掉地上了,仿佛见了鬼一般。

在那天晚上,我大学时代的一位旧友哈尔来访。自越战时期结束后,我就再也没见过他。当时的我们常约在烟雾缭绕的昏暗咖啡馆里消磨夜晚的时光,一边听着琼·贝兹与彼得、保罗和玛丽组合的歌,一边计划着战后的新生活。

哈尔邀请我跟他一起吃晚餐,我们走到一家颇为时髦的餐厅门口,进了屋内发现音乐声震天,天花板上悬挂着的植物长得都快接近客人们的餐盘了。找到一个暗一些的位置坐下后,我们开始闲谈。聊天进行得并不十分顺畅,因为我们毕竟有十多年没见面了,

彼此之间已然不再熟悉。

那天晚上我就这样出了门,想暂时从凯文以及他的父母的事情中脱离。从前的哈尔是个理想主义者,我十分欣赏他。但凡是在那个动荡的战争年代长大的人,心中都会存有改变世界的愿景,而哈尔却是为数不多的在实践这个愿景的人。彼时的他没有全日制的工作,也没有常规的生活。而当我念完研究生,继而开始教书时,哈尔还在漫无目的地活着。后来,他开始当演员,积累了些许名气,还先后挨过了两段婚姻以及之后更多难熬的日子。就这样,十多年过去了,哈尔口中依旧说着"迷惘的一代人"常说的话语,那些梦想的影子也依稀还在,但年逾六十的他不得不服老。坐在他身边的我,听着他的一言一语,看着昏暗迷离的灯光,感觉自己又回到了那个看似平和又充满希望的年代。

突然,哈尔哭了起来。他特意来拜访我一定是有原因的。只见他掏出一沓照片,里面有个女孩儿是他的女儿,还有一个长着雀斑、一脸顽皮的红头发男孩儿,那是他的儿子伊恩。哈尔说,伊恩是孤独症患者。虽然伊恩只有七岁,但他已经让两个家庭四分五裂,现在被送去了疗养院,哈尔已经无法再管教他了。

待哈尔擦干眼泪,整理完尴尬的情绪,我们谁也没再提起这件事,也没再聊起"美丽新世界",因为将伊恩送去社会上最没有人性的机构对于哈尔来说太过讽刺。突如其来的沉默无情地将我拉回到现实中来。

在这个惬意的昏暗角落里，我们一边痛饮蓝带啤酒，一边吃着那些并不喜欢的食物。为了转移哈尔的注意力，最终我还是决定告诉他我与凯文的故事。说完之后，我们一同痛哭，为了那个幻想中的世界，和那些可贵的梦想。

生活还在继续。凛冬结束，春天到来。缺少雨水滋润的三月，水仙花没有绽放。四月的天空时常还有暴风雪出没，冷得如同往年的二月。五月的到来终于带来了温暖的阳光。

办公室新来了一位年长的医生，名叫朱尔斯。他看起来五十岁上下，外貌并不出众，身材矮小、秃头，还有些发胖。但他谦逊又温柔的举动让前来就诊的女士们对他印象深刻，甚至于迷恋。闲暇时，朱尔斯会变成一位正经的雕塑家。他会利用夜晚和周末的时间看展览、逛美术馆。在我看来，朱尔斯对艺术的热爱远远超过了自己的本职工作。我们在办公室里聊得更多的是各自对艺术的理解和追求，而非手头的病历。

我很喜欢朱尔斯，也觉得办公室里多一个人陪伴是件幸福的事，但我与他在工作上的合作远不如与杰夫来得有默契。杰夫离开之后，我一个人守着三台电话，感觉十分落寞。我时常能从一对夫妇那里得到一些关于杰夫的消息，他也会写信给我，但由于他从不在信封上留地址，我无法写回信给他。更让我感到奇怪的是，我曾在圣帕特里克节那天收到他寄来的卡片，可我们都不是爱尔兰人。

之后的五月，我收到了他寄来的生日贺卡。杰夫似乎已经在加利福尼亚找到了工作并落脚，生活得挺幸福。但我无从考证。那些贺卡并不能给我更多信息，他在贺卡中从未提起过凯文和诊所的事。

也就是在去年的仲冬，我遇到了休。在此后的日子里，我们之间的关系逐渐拉近。休是个特别讨厌虫子的人，常年开着一辆画满虫子尸体的大众 mini van 在大街小巷里转悠。我就这样无可救药地爱上了他。

五月份的时候，我到纽约边工作边度假。在即将回程的时候，休也来到纽约，我们计划开车走长岛，接着在新伦敦市乘渡轮，然后穿过新英格兰回家。我满心期待地等着休开着那辆画满虫子尸体的大众 mini van 在曼哈顿酒店门口等我，但事实上休租了一辆福特轿车来接我。从离开纽约算起，我们花了一周时间才到家。一路上我们会停下来去古老的墓地里散步，还到了新罕布什尔州的路边公园野餐，当地的天气还有些许凉意，我们还尝到了美味的炒蛤蜊和扇贝。回到家已经到了五月，正好赶上了五十年难遇的高温天气。

高温炙烤着我们那狭小的、没有窗户的办公室，空气中弥漫着老鼠和鸟类散发出的臭味，令人窒息。朱尔斯在一堆病历报告中坐着，汗流浃背。虽然他已经脱掉了西服外套，也挽起了袖子，还将手帕系在前额来防止汗水滴落到病历上，但汗水仍旧沿着手帕的一角滴到了他的鼻子上。这副打扮让他看起来像极了初入杰西·詹姆斯帮派、还没学会绑头巾的银行小劫匪。

"看那儿,难道你还没发现吗?"他指着自己办公桌上方的公告栏,我看到了一枚艺术展览会授予他的蓝丝带奖章。

之前我的确没有见过这个。突然间,我还发现桌子上有张小纸条,上面赫然写着"凯文·李斯特"以及一串电话号码。

我立刻坐下来拨通了这个电话,接电话的是七橡惩教所的前台人员。

我对七橡惩教所还算熟悉,因为之前接诊过几个被送去那里的孩子。它是一个封闭的护理院,有点像是一座小型的监狱,正值青春期的男孩被关进去,如果不认真反思并承认自己所犯的错误,则会被一直关在里面。七橡惩教所占地超过十二英亩,里面有几幢新建的矮层农庄式建筑,每幢楼里住着四十个男孩。与我所熟知的小型精神病机构的治疗理念不同,七橡一直秉承着自己的那套逻辑,而我并不认为他们的理念能够治疗严重的精神疾病。那些被送去七橡的男孩只是有行为上的过失,而不是精神病患。是他们所处的环境让这些男孩过早地面对一些问题,而事实上,他们并不具备解决的能力。七橡惩教所能帮助这些男孩认识到自己行为上的过失,让他们发现并习得更受社会认可的行为方式来解决具体问题。从这个角度来看,凯文不至于会被送去这里。

但凯文现在就在七橡惩教所。不再由我的诊所负责之后,他被送去医院住了两个月。由于他的情况比较棘手,在机缘巧合之下就被送去了七橡。这也算是个试验。当时,适合凯文的疗养院都已经满额,包括一些州立机构。最后选择七橡,是抱着尝试的态度,看凯文是否适合这里的治疗方式,是否能在这六个月内有所好转。如果还没有任何转变,到了法定限制年龄时,他的名字将被纳入州立医院的长期需要监护的未成年人名单。

从七橡的顾问给我的资料看来,凯文的情况并没有实质性的变化,之前的问题依旧存在。他看上去非常瘦弱,头发乱糟糟的,依旧不爱说话。他还拒绝与其他男孩一起参加活动,常常显出疲惫的样子,情绪低落。

治疗人员遇到的最大问题还是凯文不愿意开口说话,他甚至连写纸条这样的反馈方式都不愿意。这个问题令人费解,也成为了治疗中最大的障碍。凯文的档案在我看来就像是谈话中突然出现的停顿,尖锐而伤人,跟我以往任何一次谈话一样,也让我想起了第一次接到来自盖尔收容中心黛安的电话时的场景。七橡的顾问人员问我,是否要继续给凯文治疗。

当然要继续,我毫无疑问地回答。

罗森道医生就像老大哥一样无所不知,他清楚地知道七橡惩教所给我打过电话,还知道其中的缘由。那是一天中午,我出门吃午饭,在接待室的门外遇到他,谁都没开口说话,但从碰面的那一刻就知道对方已经了解此事。

"我能继续吗?"我问道。

他露出一丝笑意，一闪即逝："如果你愿意的话。"

"我的确想要继续给凯文治疗。"

他盯着手中装满水的茶壶，好一会儿之后抬起头，望着我说："你应该知道的，如果我能做主，那么今年二月的时候你就不会被排除在这个治疗计划以外。温思劳医生主张不让你继续参与凯文的治疗，对于这个决定我无能为力。毕竟，凯文是温思劳的病患。但我不认为你会放弃。"

我不知道事情的原委是这样的，但也很高兴他能告诉我这些。

接着，罗森道毫无征兆地笑了起来："温思劳他就是个混蛋，不是么？我一直这么认为。"

那个六月的夜晚，热得出奇，更像是在盛夏的八月。我只盖了一层床单，躺在床上却毫无睡意，盯着眼前的暗夜发呆。远处有车辆经过，发出的嗡嗡声透过窗帘传了进来。我从没想过自己能重新回到诊疗组，冥冥中好像有某种力量，牵着我与凯文，将我们的命运联系在一起。如果不是我还比较擅长治疗和研究拒语症，应该就不会再有机会被他们从上百名心理治疗师中选中。那么我可能就能任由凯文在五月的那个阳光灿烂的日子里舞动，接着就永远不会再联络。事情原本应该是这样的。

在这些兜兜转转之后，最终还是由我来给凯文治疗，这就跟多年前的我要弄明白那些患病的孩子为什么不愿意开口说话一样，只是偶然的小概率事件。想想觉得有些奇怪，如果不是当初的自己对拒语症研究有颇高的热情，让我在这个领域中有所建树，那我与其他心理学家相比就不会有任何优势，也就不会有任何理由让我再重新面对这个棘手的问题。而讽刺的是凯文的拒语症当初在我和他见面仅仅五天之后就中止了。

当清晨到来，我起床梳洗之后，就开车驱往七橡惩教所。

凯文肯定不知道我今天会来。我甚至没想到过去问一下他们是否告诉过他我要来，而很显然的，他们并没有这样做。看到我走进休息室，他瞪圆了眼睛，下巴都快掉地上了，仿佛见了鬼一般。

"你想跟着海顿小姐出去吗？"顾问问凯文。

凯文僵硬地点了点头，然后起身，跟我单独去了一间小型接待室。我随便找了个地方坐下来，可凯文却直直地站在门口，一双眼睛紧盯着我。

"我都没想过你还会回来找我。我想你现在一定生我气了，可能还会有点恨我。"

我笑了："前一阵子我的确有些生气，但不是生你的气。因为当时温思劳医生和我的上司都认为我们应该分开一阵子，但现在又到了该见面的时候了。"

凯文脸上露出笑容，带着一些怀疑的神情，嘴角微微上扬。他依旧站在门口盯着我，不肯靠近，好像我是突然从空气中变出来的一样。

"你最近过得怎么样？跟我说说最近发生的事情吧！"

他依旧笑着盯着我，轻轻地说："你知道什么了？"

"什么意思？"

"我知道你会回来，一定会的。我一直这样祈祷着，如果真有上帝，我想祈求他能听到我的祷告，请他实现我这唯一的愿望。如果上帝真能让你回来，我一定按你说的去做。"

我还是坐着，一言不发。

"我知道你会回来的，你一定不会让我一直这样下去，你不会抛下我不管的。"

原来凯文比我更有信心。

过去的四个月应该是凯文最难熬的时候，我的离开对他影响很大。即使之后又有一位新的医生参与治疗，但他依旧认为我只是暂时离开，总有一天会回来的。他告诉我，说自己一直努力地改变，想等我回来的时候给我一个惊喜，让我看到他巨大的进步。随着日子一天天过去，凯文开始意识到我是不会再回来了，我跟杰夫都已经抛下他了。想到这里，他觉得非常难过，这才是让他最痛苦的事情。

接替我参与治疗的这位新医生一定医术相当高明。因为凯文病情虽不稳定但也获得了缓慢进展，想必当初需要为他选择一个治疗方案时，这位医生选择了一种减缓病情恶化的治疗方式。将凯文送来七橡惩教所是因为温思劳医生认为这里的安全环境正是凯文所需的。也许之前那次凯文发病的场景让他印象深刻，以至于他再也不敢让凯文待在没有锁的房间里。但这些对于凯文来说都没有什么差别，此前他就一直被锁在屋子里，大家也都对此习以为常。

现在，凯文就在我眼前。他并没有适应七橡的生活，这里的其他男孩认为他太单纯，就常常嘲笑和捉弄他。之前在收容中心与众多智障孩子一起生活的经历，让凯文缺乏相应的社会知识来面对收容中心之外的世界。情绪好的时候，凯文觉得自己还能平静面对那些男孩的恶作剧；但当情绪开始低落，他便躲在房间里，将自己蒙在毯子底下，任凭他人拖拽也不肯出来。此外，他又回到了以前的样子，不说话也不参加任何活动，好像生命就此暂停了。

七橡的这位顾问名叫比尔·史密斯，当初就是他联系了我，可现在连他也对凯文在七橡的治疗不抱希望。比尔认为，如果凯文仍旧像现在这样不配合治疗，也学不会基本的社交技能，那六个月的训练到期之后他也没必要继续在七橡住下去了。但比尔从来不觉得凯文是个负担，愿意尽他所能帮助凯文，包括将我带回凯文的身边。

我很欣赏比尔。他是个热心又忠诚耿直的人，说话从不拐弯抹角。他曾公开反对凯文住在七橡惩教所，我猜想他对任何其他的男孩也会这样，因为他奉行的原则是直接表达意见，不会在背后中伤他人。

经过观察，我发现在过去的几个月里，凯文的状况没有发生特别大的变化。他依旧生活在收养机构的最底层,生活在官僚主义的边缘。

"杰夫也回来了吗?"凯文问道。他现在已经能够自觉地走出房间,来到接待室并坐在我旁边。在房间里,六月炽烈的阳光洒在凯文的身上,投出一片带着金色光芒的影子。

"没有。"我摇了摇头,"杰夫已经走了,这是在我离开之前的事,记起来了吗?他现在在加州生活。"

"哦,对,是这样的。"凯文有些落寞地转过头去,"有时候我希望这一切都只是个梦,因为我常常做梦。我还希望那些不开心的事也只是在梦中发生的。"

听完这些话,我懒懒地靠在椅子里,把腿搭在了小茶几上:"那要不我们再试试其他的治疗方法?"

凯文点了点头。

"但我们之间必须要有一些约定。"我补充道。

他回过头来看着我:"为什么?是因为之前在医院我对你做的那些事?你还在生我的气?"他顿了顿,咬了咬下嘴唇,"对不起,我之前不是故意那样做的,我很抱歉。"

"我明白的。但是,我说的约定与之前那件事无关。现在,我们要从源头上做调整。你跟我都需要有一些目标。你来找我做咨询都已经有两年了,但我仍旧不知道你从中收获了什么。现在的我们就像是两艘没有锚的小船,漂泊在大海上,没有方向。像这样的治疗方式只对某些情况有效,现在的你已经不需要了。你之前的人生有太多人为你做决定,你的亲人、负责你的社工、医生、护士、顾问、杰夫以及我,现在是时候需要你自己来做决定了。"

"你还是在生我的气,是吧?"

"不,我只是下了决心。"

太阳光已渐渐黯淡,房间依旧炙热。凯文看着我,他灰色的眼睛在夕阳的光照下像是闪着金光的湖面。"桃莉,我能问你几个问题吗?"

"你问吧。"

"你现在还喜欢我吗?"

"是的,我当然喜欢你。"我微笑着,"如果不是这样,我怎么会回来呢?"

"但你现在是特别地喜欢我吗?就像以前那样?"

我点了点头。

"好吧。"他说,"你继续说吧。"

于是,我们一切从头来过。

七橡惩教所的所长那模糊不清的言辞让凯文的治疗难以推进,对此我很难过,也决心要明确治疗的目标。我打算去七橡,要不顾一切地表明自己的态度。从前的我并不擅长制订目标,无论是我的工作还是生活,都是被动地进行着,没有长远的规划。但我时而也会感觉自己会被身边所发生的事情淹没，没有方向感，从而想方设法寻找目标。这种感觉就像我急需某样东西，但在杂乱的家里翻找无果之后，便开始了一次彻底的大扫除。所以，现在的举动于我而言是个不小的突破，也对今后的发展有益。

但这一切的根源还在凯文身上，他首先需要给自己设定一些明确的目标。道理同样适用在我身上。只有这样，过去那两年的时光才不算白费。就好像现在我想让凯文从 A 点经过 B 点去到 C 点，但在此之前我必须知道 A、B、C 三点分别代表什么。我也想要让凯文明白这个道理。

此外，七橡的治疗体系在现在看来是最适合凯文的了。整个七橡惩教所在严格的行为管理体系下运行着。男孩们在这里通过良好的行为表现和完成一定量的任务来获取一些"收入"，然后用这些"收入"来交换生活必需品以及额外的强化练习和任务。这个行为管理体系是有清晰的目标指向的，也有益于凯文习得必需的社交行为方式。这一点，就能让七橡的顾问和管理员们明白我决心让凯文留在七橡的原因。另外，当我不在凯文身边的时候，也能通过这个体系了解到凯文的行为发展情况。

面对这突如其来的管束，凯文的反应让我有些困惑。他也许从头至尾都没有明白我在做什么。或者，他已经明白了但没有明确反对，只是会在我试图解释清楚之前阻挠我。每当我带着一肚子的话准备解释的时候，他就会摆出一副什么都不懂的表情面对我。尽管他也会做出努力的样子，但其实并没有真正地配合我。

跟凯文一起制订目标简直就是一项令人沮丧的任务。他思考的重点永远跟我不一样。我认为他现在需要多与其他男孩互动，但他却一门心思地想要去加州见杰夫。当然，我会跟他解释，说去见杰夫的确重要，但就现在的状况看来不太现实，所以这是个不可行的目标。更何况，我们连他住哪儿都不知道。所以在那段时间里，凯文就一直表现出他笨的一面，好像听不懂我说的道理，而我就一直不确定他是真的没有理解，还是一直在装作不知道的样子来戏弄我。

即使如此，我还是从订立目标的过程中收获到了一些心理安慰。我认为整个行为学理论以及其表现，都是来自于人类无限的需求。这种需求驱使我们懂得了自身相较世界万物来说十分微小，并相信个人能够掌控自己的身体。明确地知道自己在做什么，或是至少认为自己了解，再辅以书面的形式确认，这样就会让人感知到自身的力量。

可凯文对于这整件事提不起一点兴趣。"现在怎么跟以前要做的事情不一样了？"在某一天下午，他这样问我。

"因为以前的方式已经不能解决现在的问题了。"

"可以的。我已经好多了。你看，现在我不会再躲进桌子底下了。我已经不那么害怕了。"

"是啊，但你现在还是得住在被反锁的房间里，跟小偷的待遇一样，不是吗？"

"是这样没错，但是……"

"记得你之前说过，不明白为什么明明是继父认了罪，但被关进来的却是自己。现在我做的事情就是要改变这个现状。我要让你出去，回到你应该生活的地方。你也想出去，不是吗？"

"是这样没错，但是……"

"现在这样是我所知道的唯一办法。"

"是这样没错，但是……"他皱着眉，背对着我，"我的确想要出去，但是我希望用以前那样的治疗方式。我比较喜欢那样的。"

"但那些已经不管用了。"

"是这样没错，但是……"

到最后，原来凯文想要实现的目标只有一个。他瞒了我太久，直到有一天，我们又一起坐在那间温暖的、带有金色光影的接待室里。

"你不是想让我制订目标吗？我现在就有一个。"他对我说。

"是吗？那是什么呢？"

他扯起一侧嘴角，有些难为情地说："如果我告诉你，你可不能取笑我。"

"放心，我不会的。"

我能从他脸上看出他的小心谨慎，他一直掂量着说出接下来这些话的风险："我想要让自己变成布莱恩。"

"我知道了。"

"我也想好了具体该怎么做。这会是个愚蠢的目标吗?"

我摇了摇头:"当然不是,那接下来你想要怎么做呢?"

"学会游泳。我觉得布莱恩是会游泳的,所以我也要学。我会去学游泳的,一定会的。"他微微地笑了,"如果不介意的话,可以请你教我吗?"

就这样,我们开始了改造凯文的实践。首先,我在凯文房间的墙上画了些图表,然后再用马克笔添上各色的曲线。接下来的每一天,凯文都要按照这些规划来做:个人卫生(刷牙,×1,×2,×3;梳头;洗脸;饭前洗手;换内衣裤;穿干净的衣服。如果完成以上全部事项,则有附加分奖励)、参与团队活动、独立活动等等。我用筹码和金色五角星,以及其他我能找到的物品鼓励凯文完成以上任务来领取。完成任务的报酬分很多种:小型的物品作为完成一天中任意任务的报酬;中等大小的物品作为完成一天所有任务的报酬;大件物品作为完成一周甚至更长时间任务的报酬,比如说离开七橡惩教所。就这样,我们不断地在图表上画线、涂色,记录着凯文的每一次进步。每晚回到家之后,我要根据凯文今天的表现在对数表上画线,并在桌上的活页册中画出相应的图。到了白天,我会拿出之前画的图表对比,看看凯文至今为止的进展,或是对比有关书籍中提供的数据。整个六月就在这样的忙碌工作中结束了。在这期间我用掉了一片小型森林的树木做出来的纸张,而凯文则一改以往茫然的生活态度，变成了有效率的行动派。

说来也奇怪，有一件事情我们的确按说好的去做了，而我也认为它在凯文的管理计划当中占有很重要的地位，但到最后都没有做成，那就是让凯文学会游泳。七橡的院子里有一个游泳池，我每周有三次带着泳衣来这里。面谈结束之后，我就会带着凯文到泳池边，尽我所能地教他游泳。这无疑是一项既痛苦又旷日持久的工作，但泳池却成了我跟凯文可以秘密交流的场所，行动无疑可以取代任何语言。无论那天发生过什么事情，无论凯文是否达到了当天的任务目标，亦或是在跟我面谈时进展不顺，我们都还是会准时赴约。泳池成了一个没有争执和烦恼的地方。游泳在我们之间，就像是爱，恰巧但又是绝对地占据了我们的生活。

有一天我去参加朋友的聚会，突然，电话响了，我隐隐觉得出事了。电话那头是朱尔斯，他说就在刚才，他接到了七橡惩教所的急电："我觉得应该马上告诉你，今天有三个男孩一同出逃，你的凯文就是其中之一。"

我的凯文。当休开车送我回家时，以及之后去七橡的路上，这几个字一直在我脑海里浮现。

当我到达七橡的停车场时已经是晚上十点三十分。停着警车的一侧人满为患，另一侧则很空。远处的一幢幢楼房，所有的灯都亮着。

凯文和卡洛斯、特洛伊在今天的晚饭之后、七点三十分的集体活动时间之前出逃了。没有人知道他们是怎么逃脱的，也没有人清楚他们究竟逃往何方，但从常识推断，惩教所外的小河是他们逃跑的必经之路。因为时值盛夏，这条小河的水位很低，大部分河床都裸露着。要逃出七橡惩教所有几种方法。其中之一是逃跑的人个头要足够小，也够灵活，能够从护栏中间钻过去，并涉水出逃。接着要走一段还算远的路程，并穿过垂柳林，但这条路不太平坦，有很多乱石。

当比尔说完这些话之后，我有些疲惫地叹了口气，脑海里只有一个念头：看来我教凯文游泳是派上用场了，他不再对水有恐惧感了。

卡洛斯是有出逃倾向的男孩，他之前也这样干过，然后在外面过了差不多两个星期的自由日子。卡洛斯十四岁，身强体壮，而且有在城市里谋生的本事。而特洛伊则是三人之中年纪最小的一个，今年才十二岁。他生性暴躁，不受任何法律管控，曾因纵火罪和盗窃罪被拘留。跟卡洛斯一样，特洛伊也深谙街头生活之道，头脑聪明的他之前还做过毒品和烟草的交易，如果不被抓到的话，他现在一定在反主流文化的世界中活得很滋润。

最后一个就是凯文，他是这三个人当中最不可能出逃的人。在七橡，他一直都没被定性为具备"高危"特质的男孩，所以这件事发生在他身上着实让大家震惊。"他为什么要逃跑？""他会逃去什么地方？"大家一窝蜂地都来问我这些问题。"在这之前你知不知道他有这个念头？""你发现过一些蛛丝马迹吗？"答案都是否定的。我心想他逃出去大概是又想去找他的继父了，但我也暗自祈祷事实不是这样的。当我从自动贩卖机里买完一罐汽水，独自一人坐下来等消息时，还不断有人过来问我相同的问题。要我说这个，说那个，告诉他们我所了解的凯文。然后，我开始反思，原来自己也不够了解他。

直到半夜两点半，我还待在办公室里等着。此时的我都不能依靠可乐中的咖啡因保持清醒了，我需要回家休息。毕竟，在这段时间里一点消息都没有。没有任何地区的警察、顾问和民众在当地看到几个男孩的身影，一点线索都没有。因此，我告别了七橡的工作人员，喝完瓶子里最后一口汽水，走到停车场打算回家。

开车回家的一路上，我身体上的倦怠引发了我忧郁的情绪。当然，这肯定与我过度疲劳以及摄取了过多的咖啡因有关系。这时候的我能想到的只是凯文又一次失去了自我，变成了他的继父。在我内心深处我是了解凯文的。可这样又如何？我只能不断问自己。我之前对这个男孩的治疗又有什么意义？在这期间我所做出的努力是值得的吗？这一切都是值得的吗？具体的成就本不是我所追求的，但在这个对我来说无比黑暗的夏天，我极其想要找到凯文因为我的治疗有所改变的证据，哪怕只有一个也好。让我接受一次彻彻底底的失败，从某种程度上来说，也好过现在这样在迷失的边缘所做的漫长探寻。

第二天，卡洛斯被抓到了，在离城中心三十二公里的小镇上。当时他正在超市里偷东西。卡洛斯随即被送往七橡惩教所隔离起来，有关人员开始盘问他，想让他说出另外两个男孩的下落。原来在刚逃出惩教所的路上，他们就有了争执。卡洛斯不肯接着往下说，我们怎么都无法得知这场争执的起因。

接着，我跟卡洛斯聊了聊，问了他有关凯文可能的去向。"他跟你提到过他的继父吗？"我问，"他身上有没有带任何武器？"卡洛斯听完之后只是耸了耸肩，半点着头暗示着他不会再开口，让我别再问下去。

三天后，警察找到了凯文和特洛伊，这几天他们一直待在一起。当时，他们俩只跑到了市郊，在铁轨桥下找到了一处用沥青纸搭建的棚屋，就一直躲在里面。被警察找到的时候，他们又饿又累，但还是奋力往警车后方逃跑。

待凯文梳洗干净也吃过饭后，我去见了他。但他一直脸朝下，趴在床上。看来他已经精疲力竭了。他们这几天就吃了两罐猪肉、一些豆子以及一袋特洛伊从杂货店偷来的饼干。凯文这几天至少瘦了五斤。但这还只是我能观察到的部分。

我在他床边找了个椅子坐下来。起先，我只是静静地看着他趴在床上，大半张脸埋在枕头里。他紧闭双眼，睁眼这个动作似乎都要耗费他太多力气。

我本以为自己会因为他的所作所为大为光火，责怪他这些天闯了祸，让我担心。我还等着有独处的机会之后，直言不讳地告诉他这次他犯了多大的错。

　　可现在我一句话都没说出口，只是静静地看着他。我侧过身，用手轻轻拨开落在他脸上的头发。我爱凯文。从最开始的接触到现在，我明白了自己对他的爱。他逃走的当天晚上我所经历的那些不好的情绪现在又回来了，但是以一种怀疑的方式，原来它们都不是真的。现在的感觉才是真实的。我爱凯文，我无比感激也无比庆幸他能回来。

　　"你怎么会想要逃出去的？"我开口问道。

　　他没有回应，还是半遮着脸，躺在床上一动不动。我又一次摸了摸他的头发。

　　"你是担心我了吧，因为我离开了，是吗？你为什么会出走呢？"

　　凯文稍稍动了动身子："我没有。我就是想要逃出去。他们正好打算出走，我就让他们带着我一起。那天天气很好。我就是想要体会一次自由的感觉。"

第19章

故地重游

突然，凯文一动也不动地僵在那里，他没有说话，只是站在那里注视着那个地方好久好久。"你瞧，"他轻轻地说，"那就是我的家。"他指着一栋外表斑驳长满青苔的房子。

"我以为你打算去监狱里找你的继父算账。"我说。

"是谁这样告诉你的？"

"没有人这样告诉过我，是我自己想的。真的是这样吗？"

走着走着，凯文停下了脚步。我们一直计划着要学游泳，可是此刻游泳池为了清洗而关闭了。我们两个人就穿着一身的泳装坐在榆树下。

"凯文，老实说，真的是那样吗？"

"我不知道。"

"我一直觉得你一定是要去找你的继父算账,因为在我的感觉里,那是你非做不可的事情之一。告诉我,你真的是要去找他吗?"

他耸了耸肩。

"那就表示是啦?"

"不是,不见得是。"

"那么你的意思是你没有要那样做吗?"

他又耸了耸肩:"我告诉过你,我不知道。"

"可是,你这又是什么意思?你不知道?像这样的事情你怎么可能不知道呢?"

他又耸肩:"我就是不知道。要是去年的话我就会知道,去年我本来是有打算要逃出去宰掉他的。可是现在,也许他已经不在监狱里面了,也许他现在已经在别的地方了,谁知道呢。去年我还非常确定他在监狱里,现在我已经不太确定了。"

"为了那件事情,我们应该拿你继父还有你母亲怎么办呢?"

"我不懂你的意思。"

"我的意思是说,你打算怎么让你母亲和你继父的事情平息呢?再怎么说,他们都曾经是你生命中的一部分,凯文。他们对你所做的事,不管是对或是错,也都是你生命中的一部分。再说,事情一旦发生了,就没有人有能力把它收回去。不论是你还是我还是辅导人员,任何人都没有办法改变你继父在十年前打你、虐待你的事实;任何人也没有办法驱使你母亲站出来挽救凯洛的命运。那些事情都已经发生了，谁也没有办法改变。那些事情都已经过去了，结束了。我们现在能做的，就是接受这些既定事实，然后尽我们所能追求更美好的人生。"

"这个我明白。"

"我知道你明白，但是我同时也知道你就是抛不开过去。我有一种感觉，就是你一直想要回到过去，去解开或是改变那些已经发生的事情。"

他正视着我。

"我说对了吗？"

凯文耸了耸肩。

"我一直在想，我们，你和我，得对这种情况做个了结，因为我觉得它一直在侵蚀着你，已经把你整个心都占满了。你已经有六年没见过你的继父，可是这六年来他一样不停地在折磨你，就和以前在家中折磨你没有什么差别。我们必须让那些事情完全过去，这样你才能够真正地得到自由。"

"你还记得那位叫玛格莉特的女人吗？在贝拉方登的那个女人。"

我点了点头。

"你知道她曾经对我说过什么吗？"

"不知道，她说了些什么？"

"她说，'凯文你永远不会是正常的'。她说，'没关系，很多人都不正常，最重要的是你能习惯就好了。有些人会疯一辈子，有些人不会,你得接受这个事实'。和她说完话之后,我就到楼上去照镜子,我觉得自己很正常。我真的这样觉得。我是说,也许我长得并不英俊,可是我看起来很正常呀。于是我又跑到楼下去对她说:'玛格莉特,我觉得我很正常呀,你为什么会觉得我不正常呢?'她并没有回答我的问题。"

"所以你就扯断了她的手臂?"

"没有。"他说,"那是另一次。"

"当时到底发生了什么事?"

"有一个男孩打另一个小男孩。我被吵醒后,便下床到楼下去看看到底是怎么回事。我到楼下后发现玛格莉特也在那里,于是我说:'玛格莉特,你一定得帮帮他呀。'可是她还是站在那里一动也不动。我说:'玛格莉特,为什么你不帮帮他?你一定得帮帮他,你不能站在一旁什么都不管,他会被打死的。'没想到她竟然对我说:'让他们去打吧,那不干你的事。'因此我才会抓她的手臂,我是要拉她去帮他的,真的,我只是要她采取一些行动罢了。"

"就像当初凯洛被你的继父虐待时,你求你母亲救凯洛的情形一样?"

"是的,就像那样。"凯文说,"只是这次我已经长大不少了。"

"可是,桃莉,你认为呢?"

"认为什么?"

"就是我正不正常的问题啊。你不认为我还有一点正常吗?一点点？在我这次跑出去之后，我一直在想，我可以大胆地走在街上，没有人会用奇异的眼光看着我，对不对，桃莉？"他转过头来看着我，"他们会吗？我是说他们看不出来的。我可以掩饰得很好的，不是吗？或者，他们真的会看出来吗？"

我摇摇头。

"如果有一天我到街上去的时候，我就要那样做。我要把自己装得和每个人一样。"

我笑了笑："我本来就觉得你很正常，凯文，而且我也不认为你在街上会和其他人不一样。"

"那我为什么会在这里呢？"

"因为……"我不知道该怎么回答这个问题，因为这种问题通常没有答案。

凯文不耐烦地把头转开："在外面那几天，我要他们叫我布莱恩。但是桃莉，光是有名字还是不够的，对不对？除了名字以外，还必须有别的东西。尽管我的里面是布莱恩，但是外表永远是凯文。"

接下来的那几个星期，我的日子有如生活在地狱中一般。凯文一心一意想要离开这个地方，想要把过去几年的收容中心生活完完全全地抛诸脑后。正因为如此，他的情绪显得非常不稳定。有时候你会看到他对未来满怀希望，有时候你又会看到他陷入绝望的深渊，我永远都无法预期他第二天会对我展示哪一种情绪，我不知道该如何应付他这样的心情。对于我们先前订的那些目标，他不但不在乎还显得相当痛恨。同时，我也感受到那些理论上效果十足的目标不见得对凯文同样有用。

也许这种情形是治疗过程中的必经阶段，也许是一种正面的反应，但是我只知道如果再继续这样下去，我迟早会疯掉。

有一天下午我终于开口对凯文说："你真的要放弃那些目标？"

"哦，是的。哦，老天，是的。"他感激地直喊着，"哦，是的，是的，是的。"

"我的意思是说，这样一来你就没有任何的好处、奖品可拿了。不但如此，我们还得比以前更加努力，不准偷懒。"

"没有问题。"

"你确定？"

"是的，我很确定，我非常确定。"

"你根本不喜欢那些东西，对不对？"我问他。

"没错，我一点都不喜欢！"

"怎么会呢？那些东西的确有它的效果呀，我们的确也完成了一些事情呀？"我问他。

"因为，"凯文闭上眼睛，身体向后倾，"因为我可以再假装啊。"

"假装？假装什么呢？"

"就是……"凯文的嘴角泛起一抹狡猾的微笑，"我以前在盖尔的时候就很会假装呀。表面上我可以表现得很好，但是那些表现其实都不是发自内心的。你要我订目标，表面上我当然也可以一样样地都达成，问题是我根本不在乎那些事情。就算完成了，对我又有什么意义呢？"

抛开这些外在的东西后，凯文开始朝着他自己想要的方向前进。一段时间后，我发现他的进步神速，这点连他自己也注意到了。

"你知道我想要做什么吗？"有一天下午他对我说。

我凝视着他，等他继续说下去。

"我要去读高中。"

"读高中？"这个答案让我十分惊讶。

"没错。如果我能够离开这个地方的话。如果我真的可以离开这个地方的话，我非常确定那就是我想要做的事情。去读高中。"

"为什么呢？"我问道。

"因为，"他耸了耸肩，"我真的不知道。我就是想要去，想去和那里的孩子在一起，想去看看真实的世界是什么样子。"

"你觉得怎样？"看到我没有作声，凯文接着问我。

"那是很辛苦的，凯文，高中的课业非常辛苦，你又已经那么久没上学，自从……"

"自从好久好久以前。这个我知道。可是我一定做得到。以前在医院的时候，我的辅导老师为我做过测验，他说我的程度大约是在十年级。他说我在每一个科目都达到了十年级的程度，就算是数学也不会有问题。"

"可是那还差两个年级呀,凯文。十年级普遍的年龄是十五岁,而你已经快要十八岁了。事情没有你想象的那么简单,还会有其他的事情。"

"是什么呢?"

"其他的事情。"

"到底是什么样的事情?"

"哦,凯文,你当然可以照你想的去读书,问题是班上还有其他的孩子。他们会欺侮你嘲笑你,因为你是那么的不一样。对所有的孩子而言,青春期是一段很艰难很困惑的时期,正因为如此,所以他们才会比较没有包容心。他们会把你打入地狱,但是当他们那样做的时候,他们又不知道自己在做些什么。"

凯文无语地看着我。我知道我讲的那些说他和别人不一样的话会伤害他,但是我们心里也都清楚那是事实。

"我没有其他的意思,我只是说那样子会很辛苦,凯文。孩子们会嘲笑你。他们也并不知道那样会伤害到别人,孩子们总是不懂得三思而行的,他们会笑你为什么年纪那么大了还在念中学,会说你是智障,说你会被留级。这些言行举止对你都会是一种伤害,我怕你会无法忍受。"

"我曾经也艰苦过了那么多年呀,桃莉。"

"这个我了解,但是这两种情形是不一样的。在学校里,你必须靠自己的力量，没有人可以像我这样帮你，而且你还得表现得非常合群，因为那是你的责任。"

他还是不停地研究着我。然后他的肩膀微微垂下来，低下头看着他的手："难道你还不明白吗，桃莉？我必须要那样做。当我离开这里的时候，我必须知道我是真真实实的。人生就这么一次，我必须知道我是真实的，我必须为我自己做到这一点。"

我真的很想附和他，可是我不能，因为那并不是一项计划或是一个希望，它根本就是一个幻想。我猜他根本就不了解真正的学校生活是怎么回事。"真的非常辛苦，你会受伤害的。也许你有其他比较好的选择，也许你可以试试社区大学中的辅修课程或是其他类似的进修课程。"

"可是那一样也很辛苦的，桃莉，难道你看不出来吗？"

我无言以对。

"我也经历过许多艰苦的事情，我也吃过很多苦。"

"是的，我知道。"

"我可以做得到的，"他轻柔地说，"我可以做到一些甚至连你都不相信我可以做得到的事。就算你不知道我必须要为它付出多少代价，我还是一定要做到。我并不只是为了要证明给你们看，还有我自己。这一生中我至少要证明一次给自己看。"

有一个问题长久以来一直盘旋在我的脑海中，就是关于凯文的母亲及其继父的问题。如果凯文要完全跳脱出诸如七橡惩教所或是盖尔收容中心这类机构的话，当局必须确定他不会再出现扯断他人手臂的事件。总之，很明显地，凯文目前的行为深深地受到他童年生活的影响，就因为如此，才没有人敢保证他的安全性到底有多高。而这又是会影响到以后委员会是否会放他自由的重要因素。

我是一个没有什么耐心等待的人，我没有办法让这些问题像沉疴一样一年拖过一年。虽然凯文正一步步地调整自己，以便能够适应外面的世界，但是随着他一日日地进步，我却一日日地更加担心。也许玛格莉特说的没错，凯文可以轻易抓到外面世界的脉动，但是真正让他无法适应的却是文化上的冲击。因为童年的不完整，凯文没有多少资源可以让他真正融入这个社会。

在解决他父母亲的问题上，凯文也无法提供多少协助。有些事情如果他不愿意谈，我也无法强迫他谈，而如果我不一直回来追溯这个问题的话，他更不会主动提起。有时就算我提了，他也想不出任何有效的答案，不是说不知道就是耸耸肩。我时常自问，我们到底该怎么办才好？我们要如何才能够学着适应彼此的感觉？凯文除了会耸肩然后沉浸在他自己的世界外，什么忙也帮不上。

然而，找到最后一块拼图的人还是凯文。

凯文的努力表现，终于让他如愿以偿换取到外出通行证。凯文非常兴奋，因为这是他到惩教所后第一次有机会可以光明正大地外出。

我问凯文想要我带他去什么地方，他说他一直都很想去墨西哥餐厅，因为他很喜欢吃墨西哥菜。我告诉他，等到他表现更好的时候,再带他去吃墨西哥菜。有了通行证,他就在那个八月的下午和我一起开始了一趟轻松懒散的夏日之旅。

我们怀着愉快轻松的心情,沿着乡村的道路开车进城。我们把车停在树荫葱郁的乡村道路旁,道路的旁边就是一条长长的溪流,溪水缓缓流着,好似被八月的炎热蒸得昏昏欲睡一般。路旁无垠的草原上,有许多野生动物懒懒散散地或吃或睡。然后我们继续驱车前进,来到小镇上的一家博物馆,凯文把他身上稀少的零用钱拿出来买了一个塑胶制的小鹿塑像。出了博物馆,我们开车来到河边的一块空地上,然后坐在空地上聊起天来,聊着聊着,凯文突然一时兴起跳到河中游起泳来。凯文现在可是一个游泳高手了。我也索性卷起裤管涉入河中寻找美丽的石头。

一路边玩边走,我们花了好几个钟头的时间才来到市中心的购物区。虽然这个区域我并不熟悉,但是我还是尽量找比较热闹的街区。这条街上到处都是麦当劳、汉堡店,同时我们也在这里找到一家墨西哥餐厅。

"你知道吗?"凯文在我绕过一个街角的时候说,"我觉得我来过这个地方。"

"真的吗?这个地方我一点也不熟悉。"

"没错,我曾经来过。在很久很久以前,我真的来过。"凝视着窗外的景物,他不禁皱起了眉头,"就在那里,你看到了吗?你只要转过角落就会看到那边有一家自助洗衣店。我们过去看看。"

我照着他的意思转了过去，果真有一家洗衣店，那家洗衣店的门面十分破旧。

"对了，就是这个地方，现在，走那个方向。"他有些兴奋地自言自语着。

于是我在下一个街角又转了个弯。这个社区相当衰败，几乎所有的房子都是用木板围构而成的。再往前一些，则是一所老旧的小学校舍。

"我记得这里。嘿！我知道这是什么地方了，我们以前就住在这附近。现在我终于想起来了，我以前就是走这条路上学的。我们把车开到那条街上去，我要带你去看我小时候的学校。"

我循着凯文所指的方向往前开。几分钟后，一栋又长又低矮的校舍映入眼中。

"那就是我以前上学的地方。把车停下来，好吗？我想带你去看我以前上课的教室，好不好？看看那些东西。以前我在那里念书的时候，根本没有那些钢筋的建筑物，以前都是砖块所盖的教室。不过，没有关系，我还记得我教室的位置。"

等不及我把车停稳，凯文就已经跳下车，他笔直地朝着一栋砖造建筑物跑过去，然后趴在窗户上直往里面望。

"那里！你看，那就是我上一年级的教室，你看到了吗，桃莉？不知道韩奇森太太是不是还记得我，她是我小学一年级的老师，我一年级就是她教的，不知道她现在还有没有在这里教书。"

我由窗户往里面望,那是一间非常普通的教室,因为放暑假的关系,所有的门和窗户都用胶布封了起来。

"不知道韩奇森太太还记不记得我,"凯文说,"我一直都记得她,我很喜欢她。可是我不知道她是不是还记得我。"

然后他转过身来碰了碰我的手臂,他说:"走,我带你去我以前住的地方。"当我朝着车的方向走去时,他拉着我的手臂:"不需要开车,那个地方不太远,我们用走的就好了。"

我们沿着一条陋巷走过去。凯文的心情依旧相当兴奋,一路蹦蹦跳跳地走在我的前面。这一路走来,整条路上的建筑物都非常破烂,几乎每栋房子外面都加上了护板墙,而且每户的院子里都堆满了破汽车、旧火炉、旧冰箱等杂物。

突然,凯文一动也不动地僵在那里,他没有说话,只是站在那里注视着那个地方好久好久。

"你瞧,"他轻轻地说,"那就是我家。"他指着一栋外表斑驳长满青苔的房子。

缓缓地,他朝着那个房子走了过去。他看起来似乎有些恍惚。"妈?"我听到凯文细细地叫着。

"凯文?"我轻轻地碰了碰他的肩膀,"也许现在有人住在里面,也许我们不应该进去。"

"可是这是我家啊。"他很肯定地回答我。

"可是那已经是很久以前的事情了,现在也许已经换了主人了。"

凯文好像没有听到我的话，一个劲儿地往前走。我在他推开门之前跳到他的前面拦住了他。其实我这个动作根本就是多此一举，因为那道门锁早已经霉烂的门，此时咔咔嗒嗒地开了一条缝。凯文轻轻把门缝推开一些，然后怯怯地跨了进去。

"妈？"他又细细地叫了一声。显然这里已经很久没有人居住了，老鼠和雀鸟早已经把这个地方占为己有，屋子里到处都是它们的粪便。凯文似乎对这一切不以为然，在他看来，他过去的世界和现在的世界似乎并没有什么差别。

"这里是我们以前的客厅。"他对我说，"这是通往厨房的走道，那边是妈妈和爸爸睡觉的房间，再过去那里是我、凯洛和芭芭拉的房间，只是后来艾伦出生后，我妈便要我搬到沙发上去睡，因为房间不够。"

我们慢慢地在屋子里逛着，凯文就像个房地产中介公司的员工一样，细细地检视着屋中的每一样东西、每一个部分，墙壁、地板、门板……每样东西都好像是他生平第一次看到一般。屋中听不到丝毫的声音，倒是我们吵醒了屋角一只正在熟睡的蝙蝠。

"我们家的马桶一直都不管用，有时候我会站在我房间的窗户上往外尿尿。有一次我的邻居看到了，她就警告我，如果我胆敢尿在她家的土地上，她就打电话报警。老天，我怎么可能尿到她家呢？她也不看看那有多远。不过我还是会怕，所以我后来便到后面的那扇窗户去尿。"凯文把头靠在一扇破裂的窗户上。"那时我们很会憋尿，总是憋到快受不了的时候，就去比赛看看谁尿得能够在地上打出洞来。可是，"他意味深长地说，"我猜你现在再也无法见到那种场面了。"

然后，我看到他的脸上露出一种意味深长的微笑："以前我和凯洛总是玩游戏玩到不想睡觉，到最后总是妈妈逼我们上床睡觉。凯洛真的非常有趣，她总是有办法把我逗得大笑不已。那种情景让我觉得很温暖，现在想起来我还是觉得非常温暖甜蜜。"

听到他这些话，我突然感到有些微微释怀。在他这么痛苦的人生中，我很高兴他还能够保有一些甜美的回忆。

我们慢慢走到客厅。凯文在那个地方站了好久好久，似乎陷入了沉思。他出神地盯着地板看了好一会儿，用脚上的布鞋在木质地板上搓了搓。他凝视着地板上的一小块地方，跪了下来，将上面的灰尘拂开。

"过来，桃莉，"他说，"过来看看这个。"

我走了过去站在他的对面。

"看！这是血。这是一块血迹，在这里，你看见了吗？蹲下来仔细看看。"

我还是站着没动。

"快点嘛。蹲下来看看。"

我蹲了下去。

"摸摸看。"

我犹豫着迟迟不愿伸出手。我并不知道凯文找到了什么东西，但是不管怎么说，这个地方都已经太久没有使用过了，满地的鸟粪和鼠屎。不管凯文发现了什么，我都不想去摸它们。不过，凯文倒是非常坚持。

"桃莉，摸摸看，摸摸看。这是凯洛的血。"

于是我伸手摸了摸那个地方，但是我什么也感觉不到什么也看不到。地板上除了污渍泥垢以外还是污渍泥垢，对我来说倒是没有什么太大差别。

这时屋外开始下起雨来，轰隆隆的雨声掩过了外面所有的声音。

凯文有如寻宝似的，又在拂拭地板上的另一块地方。"这是什么东西？"他自言自语地说着，"难道也是血迹？"他抬起头环视着身旁四周。

"我猜那只是一块污渍罢了，凯文。"

他摇了摇头。

"可能只是鸟粪什么的。"

他回到刚才要我摸的那块地方，仔仔细细地检查了一番，然后站起身来走到窗户旁。那扇窗户已经破了，一半玻璃掉在地上，另一半玻璃还留在窗户上。凯文用手把窗户上那些玻璃拿掉，接着把头探到窗户外面继续检查着。顿时，一种严肃而沉默的气氛在屋内蔓延，这种沉默犀利如刀锋。我不禁打了个冷战。

凯文转过身来，沉坐在门槛上。他一言不发，眼睛不停地研究着我,我的眼睛、我的脸、我的手臂、我的手指,最后停留在我的手指依然停留的那块血迹上。他的眼睛眨也不眨一下地盯着那块血迹。

外面的雨水不断地透过窗户进到房里来。凯文出神了好一会儿后才注意到那些雨滴早已在地上积成一摊水。他伸手去摸摸窗台,然后举起手指看看水滴在手指上所形成的图形。

"他们都走了,"他盯着自己的手指喃喃自语,他的脸上带着一种奇怪的表情,接着他转过头来望着我,"一切都结束了,对不对?"

我点了点头。

"不错,"他一边说一边又伸手去摸窗台上的水,"其实我心里早就有数了。"

第20章

再见，布莱恩

一切都结束了。八月暴雨中的这栋沉默的废屋，正在向凯文诉说着，诉说着一些这许多许多个月以来我想要说却又不知如何开口说的话。他的鬼魂终于安息了。一切都结束了。

一切都结束了。八月暴雨中的这栋沉默的废屋，正在向凯文诉说着，诉说着这许多许多个月以来我想要说却又不知该如何开口说的话。他的鬼魂终于安息了。一切都结束了。

那一整个下午，我们彼此都未曾再说过一句话。在这个无声胜有声的时刻，言语已是多余，因为我已经感受到那一切，那种感受胜过千言万语的解释和说明。

比尔和我不停地在为凯文找寻一个安身之所。再过几个星期凯文就要满十八岁了，比尔认为惩教所不适合他继续待下去，不只是因为这里的孩子年纪都比凯文小好多，同时也是因为凯文和这些孩子有着太大的差异，显然凯文要比这些孩子单纯多了。凯文一心急着想到外面的世界练习他学到的社交技巧并想要结交一些朋友，比尔担心他会为了交朋友而吃亏。因为凯文单纯的本性会很容易被其他的孩子利用，进而占他的便宜。因此比尔私下把青少年喜欢捉弄人的那些把戏通通学了起来，和我研究和讨论一番应对的方法后，再一一教给凯文。

为了给凯文找一个适合居住又让他有机会可以自我证明的环境，比尔可以说是煞费苦心。问题是很少有家庭愿意接受一个在精神病院住了那么多年又快要满十八岁的大男孩。不过，比尔最后还是找到了。一对年纪约三十岁左右的年轻夫妇，表示愿意收养凯文。他们结婚多年，但一直没有生下一男半女。我们在比尔的办公室接待了他们。当我问他们为什么想要收养凯文时，他们异口同声地说，因为他们都有过非常快乐的童年，所以他们希望能够把这份快乐继续延伸下去，让其他的孩子也可以感受到这份快乐。他们说希望能够对社会有所回馈。他们希望凯文能够在劳动节的那个周末去他们家和他们共度周末，顺便培养感情。

和他们见过面后，凯文兴奋地大叫："我就要有一个家了！我就要有一个家了。"

劳动节的周末终于到来。我和比尔站在惩教所的车道旁向他们挥手道别。看着渐行渐远的车，我的眼泪忍不住夺眶而出。

当我在星期一跨进惩教所时,发现里面一片狼藉。比尔给了我一个无奈的眼神,口中念念有词地说:"没有希望了,那个孩子完全没有希望了。"

走进凯文的房间,他正躺在床上用棉被严严实实地盖住自己。我在床边的一把椅子上坐下来:"好了,刚刚有位气急败坏的先生告诉我,说你这次的度假好像没有圆满的结局。到底发生了什么事?"我问他。

凯文只是耸了耸肩,然后把棉被拉得更高。

"出来,凯文。出来和我讲话。像这样躲在棉被里是解决不了问题的。"

他摇了摇头。

"没有了那个家庭又不是世界末日,是不是?还有很多家庭可以去的。"

他又摇了摇头。

"会有的。如果有这一家,那么就一定会有另外一家的。好了,现在快告诉我是怎么一回事,也许事情并没有你想象的那么糟糕啊。"

他还是不愿出来。这时我的怒气有点上来了,于是我站起来:"你给我听好,我过十五分钟后再回来,你最好赶快决定要不要告诉我,否则我就走人,你听到了吗?"然后我便离开了他的房间。

我走到比尔的办公室问他这到底是怎么一回事。比尔手上端着一杯已经冷掉的咖啡，不停地摇头："那个孩子真的没有希望了。老实告诉你，我从来没见过像他那样具有破坏力的孩子，他把所有的事情都搞砸了，他简直就像是一颗不定时的炸弹。"

"到底发生了什么事？他到底做了些什么？"

"什么事也没做。就像个白痴一样——什么事也没做。他一到那里就一动也不动。不愿说一句话，也不愿下车，什么事也不做。你能够想象吗？他们夫妻原本计划要举办一次野餐，介绍凯文和他们的家人、亲友及邻居认识的，可是那个可恶的孩子竟然连车都不愿下。"

"哦，可是比尔，一定是当时的情景把凯文吓坏了。想想看，凯文原本就和那对夫妻不熟，更何况还有一大堆他不认识的人围着他呢！"

"他真的是笨到极点了，就是这样。你知道我花了多少时间和精力才找到那些人吗？这下可好了，他们不要他了。他是个无可救药的孩子，他是个疯子，就是这么一回事。"

"我倒觉得这其实也没有什么好大惊小怪的。你想想看，这么多年以来，他一直被关在一些机构里面，唯一和外界有过接触的是那年夏天的那次夏令营。他是因为太害怕的关系才会出现那种状况的。我的意思是说，这个男孩有权利那样子的，对不对？凯文并不认识他们，他们对他而言是那么的陌生。他当时只是吓坏了。"

"嗯……真是无懈可击的理由。"比尔说。

回到凯文的房间，见他依旧蒙在他的棉被底下。

"注意，凯文。你若不自己起来，我只好动手把你拉起来了！"

没有回应。

"我不是跟你闹着玩的。你再不起来，我就真的过去把你拉起来了。现在，起来！"

还是没有声音。

"我就要过去了，凯文。我现在就过去了，我非常的不高兴。这绝对不是开玩笑的。"我一个大步跨到他的床边。

凯文心不甘情不愿地坐了起来，不过依旧用棉被紧紧地包住身体。

"注意，站起来。站起来并且把棉被放回床上。你知道吗？你这个样子看起来就像个老太婆一样，你真是可怜。"

凯文无精打采地下了床，然后在椅子上坐下来。

"告诉我，到底发生了什么事？"我把床铺整平后便顺势坐在上面。

凯文把身体缩在椅子上，眼睛盯着地面。

"听着，凯文，我知道你很失望，我也知道你很不高兴。过去发生的事情也许让人感到很不堪。但是都已经发生了，事情都已经结束了，这又不是世界末日。重要的是，我们要想出一个相应的方法，以免这种事情再次发生。"

凯文依旧不为所动。

我站了起来："我要走了,我没有必要再忍受你这种行为。你这是非常无礼的行为,我根本没有必要容忍你这般对待我。是要和我讲话,还是要我离开,全由你决定。你选哪一样呢?"

他耸了耸肩："我讲话。"

"很好。到底发生了什么事?"

"他们的厕所非常好笑。"

"啊?"

他的头垂得低低的："我说,他们的厕所非常好笑。长得又滑稽又好大一个,我很害怕,不敢用它。"

我的心不住地往下沉。原本我一直以为是他心中某种巨大深沉的恐惧又找上了他,没想到是一个普通得算不上是问题的问题让他一败涂地。我不知该说些什么才好。

"或许那个地方不适合你吧,凯文。"

"它适合的,"他悲伤地说,"它是适合我的,是我搞砸了一切。都是因为我太过害怕把事情搞砸的缘故才会搞砸的。"

"不是,那不是你的错,凯文。这一切都是环境的错。那对夫妻以前也没有收养过孩子,因此他们可能也和你一样紧张。事情反正已经发生了。虽然说发生这种事情会让人觉得很不好过,但是总是免不了会发生的。这不完全是你的因素。不要再难过了,好吗?"

他快快不乐地看着自己的手。

"还有其他机会的。"

他摇了摇头:"没有机会了,永远都不会有机会了。还有谁会要一个像我这样的孩子呢?"

"我相信会有很多人想要你这样的孩子的,只是他们还没有机会认识你吧。"

有了这次的教训之后,比尔和我也就更清楚什么样的环境会更适合凯文。只是我们的努力终究没有什么收获。最后,我的同事提出了一个很有希望的替代办法。他们建议我把凯文送到一个具有高度保护性质的团体之家。起先我以为他是在开玩笑,因为那些团体之家收容和照顾的都是弱智的孩子,而凯文并不是,他在那种地方能做些什么呢?

不过我的同事提到团体之家的方案时,他也顺便提到了一家他觉得非常理想的地方:由他的老友乔治·麦法伦——一位退休的医生和他的妻子兰丝所主办的团体之家。那是一座古老的巨宅,住在里面的每个人,都可以拥有自己的房间。不过,餐厅大家共用,杂务家事也由大家分摊。人人都有工作做,但人人也都有充分自由玩乐的时间。这个团体之家最终的目的,是培养每个孩子独立自主的个性,好让他们日后在踏入社会后,能够独立地生活。我决定去参观这个地方。

我非常喜欢那个地方的氛围。麦法伦夫妇热心工作,对孩子们充满爱心，他们教育孩子的重点是训练孩子们学习适应环境。屋中的布置，完全不会让人觉得那是家精神病院。一切的条件都非常好，唯一让我感到有些不放心的是，那个地方所住的孩子全是弱智。

我把凯文的情形告诉麦法伦夫妇，他们认为凯文以前在精神病院住了那么久，在某些方面他也算是个智障的孩子，而他们的地方正适合这样的孩子，因为这个地方同时拥有保护性及开放性的特质。当我提醒麦法伦夫妇有关凯文情绪紊乱的问题时，他们说："不错，但是我们每个人又何尝不是如此呢？"

当我把这件事告诉比尔的时候，他显得有些意兴阑珊，他也和我当初一样有着满腹的质疑。凯文的态度更是小心谨慎。

"他们是些什么人？"凯文问，"那是个什么样的地方？"

我一一向他们解释。

"我不要去。"他淡淡地说。

"为什么不去呢？那对夫妻是非常和善的人。我自己也亲自去看过那个地方，我觉得那个地方非常不错。"

"我不想去，"他再次坚定地说道，"我喜欢待在这里。"

在他第二次拿到外出证时，我带他到市中心去吃汉堡。

"你要不要顺便到麦法伦夫妇的家去看看？"我问他。我们在麦当劳的停车场内一边吃着汉堡一边说着话。

他耸了耸肩。

"走吧，我带你去。我们只到他们家的前面绕一圈，然后我们就回惩教所。"

当我们到麦法伦夫妇家时，凯文把头伸到车窗外："这个地方好大哦，是不是？把车稍微停一下，我想要看清楚一点。"

我把车开到对街停了下来。凯文从车窗往外望："那个地方好大。有多少人住在那里呢？光看它那个样子少说也有上百个人吧。"

"没有那么多。里面只住有八个人，八个人的年纪都和你差不多。然后还有麦法伦夫妇和几个帮手，加起来总共大约有十二个人。"

"但是，"他自嘲地说，"它怎么说也不是一个家，只不过是一个团体之家罢了，就像贝拉方登一样。"

"不完全是那样的。那里并没有舍监人员，只有麦法伦夫妇。住在那里的每个人都有自己的房间和自己的私人用品。它绝对要比贝拉方登更像个家庭。更何况它不是一个儿童之家，它是给大人住的，给像你这种年纪的大人住的。"

凯文从来就没有考虑过同住的孩子的年龄问题。他坐下来静静地想着。"你说的没错，我是应该考虑到其他孩子的年纪问题的，对不对？"他静静地研究着那栋房子，"这地方看起来没有那么让人讨厌，也许我会考虑一下。"

当麦法伦夫妇来到惩教所时，凯文决定要下来见他们。有了上次和那对年轻夫妇见面时那种令人难为情的教训之后，凯文决心不要再重蹈覆辙。他虽然还是很害羞拘谨，但是却很有礼貌。他还问了麦法伦夫妇一些问题，包括他们会不会很在意他是否需要叫他们爸爸妈妈的问题。麦法伦夫妇对这种事情并不坚持。

接着是他们第一次共度周末。虽然比尔和我心中都很担心上次的事会再发生，但是我们也都只是心照不宣，不敢把这个担忧表现出来。那个星期五晚上，我回到家后就把电话放置成接听状态，因为我不想再听到任何有关凯文的坏消息。但是当朋友在星期六晚上带我出去吃饭时，我又忍不住要求他把车开到麦法伦夫妇的住处附近。没有什么原因或理由，我只是想去看一看。

我想凯文和我心中都很清楚，我们相处的时光已经快要结束了。虽然我们两人都不愿提起此事，但是当他结束了第一次的周末聚会回到惩教所，并开始和我们讨论、计划第二次的周末聚会时，我知道我们相聚的时光真的快要画上句号了。

一天晚上，我来得比较晚。当我走进凯文的房间时，他正在写他的学校作业。

"你迟到了，"他转过头来对我说，"你迟到了这么久，现在都已经快到吃晚餐的时间了。"

"很抱歉，我的诊所有事，所以没法提早离开。"

"怎么回事？"

"是一个小男孩的治疗问题。我现在在治疗一个小男孩，我觉得他有精神分裂症，但是，并不是非常确定。他们想要把他送到医疗中心去，于是我们发生了一番不小的纠缠。"

"那个小男孩很害怕吗？"凯文问道。

"那还用说。他简直吓坏了。他目前住在一个寄养家庭中，他不想被送走，所以他才会那么害怕。"

"他多大年纪？"

"十岁。他的问题真的很严重，所以我才会耽误那么久。很抱歉我不能准时赶到这里。"

"你明天也不能来这里了，对不对？"他问我。

"他们告诉你的，是不是？我先前已经打过电话来要他们告诉你的。"

"没错，"他说，"是他们告诉我的。"

"听好，凯文，我很抱歉，我真的很抱歉，要是你有看到那个孩子的模样的话……"

他对我微微一笑，那是一种体谅的微笑，这一笑让我放下了心中千斤的重担。他有好一阵子沉默无语地看着我。

"你也为我做过那种事的，对不对？"他说。

"做过什么？"

"以前每当我出了问题时，你就会缩短治疗别人的时间，拨出较多的时间来陪我，对不对？就像现在这个样子，现在有别的孩子比我更需要你。"

我点了点头。

"我现在已经好很多了,不是吗?"

"是的,已经好太多了。"

他低头看了看他的家庭作业,然后又抬头望着我:"桃莉,我决定要过去了,我决定去麦法伦夫妇那边了。"

"你确定了吗?"

他点点头:"我问麦法伦夫妇,我是不是可以到他们那边去住,我是不是可以去读高中。结果你知道他对我说了些什么吗?"

"他说什么?"

"他说:'很好,孩子。我觉得那是个很棒的主意。'"

凯文顺利住进了麦法伦夫妇的家中。等一切都安定之后,我便利用周末的时间到麦法伦夫妇家中和他们讨论凯文的就学问题。我们想在那个区域找一家愿意接受像凯文这种教育背景的孩子的高中。

两个星期后,凯文在当地的一所高中注册,成为该校二年级的正式学生。凯文在该校选了英文、数学、社会以及工艺四门课。其他的时间他则待在特殊教育资源教室中,由一位特殊教育的老师负责指导他,以期让他能够跟得上正常的课程进度,也使他能顺利应付各种问题。

十一月一个多雾的早晨,凯文第一天正式上课,我专程起了个大早开车到麦法伦夫妇家接他去上课。一身牛仔劲装、头发梳得干净而整齐的凯文,看起来是那么的英俊,那么的有生命力。他一上车就兴奋得不停讲话。

"你看,你看我的笔记本,桃莉。"他兴高采烈地说着,"麦法伦夫妇昨天晚上带我去买的,你看。还有,你看这里,我有铅笔,有钢笔,也有原子笔。看,桃莉,看我有这么多的东西!"

他忙着把所有的东西都掏出来给我看。突然间,他脸上那种兴奋的表情不见了,他突然变得沉默不语。

"万一他们不喜欢我,怎么办?我也许会迷路的,那个学校那么大。万一我真的迷路了,怎么办?"

他的反应引来了我一阵微笑。

"我必须承认,其实我真的有些害怕。"他也不好意思地笑了起来,"可是我还是去了,不是吗?我真的要去念高中了。"

凯文在各个方面都适应得非常好。这次他人生上的重大改变,可说为他的人生注入了一个全新的契机。除了学业上顺利进行外,凯文在麦法伦夫妇家也很受其他孩子的欢迎。原先我还担心他会有适应上的问题,现在证实这一切都是我多虑了。身为麦法伦家中唯一一位非智障者,其实是一件很幸运的事。在凯文一生中,他第一次感受到诸事顺利的美好滋味。同时,家中其他的孩子也都公开称赞凯文的能力。对凯文来说,外来的尊重是非常重要的,而这也是他培养自信的来源。

有一天晚上,凯文亲自下厨煮了一顿丰盛的晚餐请我吃,其中有一道便是意大利面。我想起了他曾经把这道菜比喻成脑浆的事，不过观察他的神情之后，我知道他已经不再为那件事情所困扰了。

吃过饭后，他口中滔滔不绝，讲的全是他的功课和工作表现，那是他最得意的部分。由于凯文白天必须要去上课，无法和其他孩子一起分担家中的工作，于是麦法伦医生（凯文现在叫他"老爸"）便想出一个变通的办法。他让凯文做其他孩子的"老师"，还给了他少许的薪酬。每天晚上，凯文要利用一个小时的时间，教导另一个孩子基础数学和阅读技巧。对凯文来说，这件事带给他的最大收获，是自我形象和信心的建立，薪酬所具有的实质意义反而不是很大。

刚开始的那几个星期是很难熬的，但是单独指导凯文课业的那位老师，总是给凯文无限的支持和力量。在他的认真指导下，凯文的学业突飞猛进。凯文自己也很努力地做好他分内应做的事，在课堂上他会勇敢地回答老师的问题，遇到同学嘲笑时，他也会努力压抑自己的脾气。虽然班上同学老喜欢拿凯文见到女生就会害羞脸红的事来取笑他，不过基本上他们并不会去质疑他有什么异于常人的地方。渐渐的，他终于打入了他们的圈子，他终于能够正常地和同龄孩子一起活动了。

到了一月，我们面诊的次数也慢慢地在减少，有段时间我们只维持一个星期见一次面。最长的一次我记得是四或五个星期没见到他。我们都知道这种相处的日子已经快要结束了，只是我们都心照不宣。

我们最后一次的面诊是在二月份。那是一个凛冽飘雪的日子，凯文气喘吁吁地冲进我的办公室，整个脸颊红通通的，灰色的眼睛有如水银般闪亮。我们聊了些关于他未来的计划，在谈话中凯文突然停了下来，接着泪水便夺眶而出。他猛然站了起来说："我得走了，我和我的朋友丹尼约好晚上到青年会游泳，再不走我就要迟到了。"

我点了点头。

凯文一边后退一边望着我。我看到他的眼眶中泛着泪水。为了不让泪水掉下来，他迅速地低下头。过去两年来相处的情景一幕幕浮现在我的脑海里，我们还有好多的话没有讲。这时我的眼眶也泛起了泪水，千言万语不知该从何说起。

"桃莉，我可以问你一个问题吗？"

"当然可以。"

"不过你不要回答我，好吗？我只是想要把这个问题说出来而已。"

"好。"

"如果我又有了麻烦……我是说，如果我真的又有了什么麻烦的话，你会再来看我吗？"

正当我倾身准备回答他的问题时，他突然挥了挥手示意我不要讲。

"可是，不要回答好吗？不要告诉我你的答案。"

"为什么不呢？"我问。

"因为，你知道的，"他停了下来，然后对着我微微笑着，"我现在要离开这里了，此时我心中抱着一种坚定的希望，认为你一定会的。但是实际上我并不知道如果我又有麻烦时你到底会不会来看我。我此刻想要确定的一点是，我真的问过你了，而你并没有开口说'不'，你并没有开口拒绝我。"

我会意地点了点头。

"我不会忘记你的。"他说。

"我也不会忘记你的，凯文。"

"有时间的话你会来看我吗？"

"我当然会。"

"我有空的话也会打电话给你的，只是要问候你好不好，可以吗？我不会忘记你的。"

"我知道你不会的。"我说。

"好了，现在我真的要走了，丹尼就在楼下等我，再不下去他会以为我失踪了。我有没有告诉过你我可能会加入学校的游泳队？如果他们不在意我的年纪太大的话，我就加入。"

"有，你跟我讲过。"

无言中，眼泪又在我们的眼眶中打转，然后慢慢地沿着脸颊滑了下来。他的脸上泛起了微笑，微笑着，微笑着。

"我要走了,有空再见面,好吗?"

"好的,凯文。有空再见面。"

他转身朝着长长的走廊走去,身影越拉越长。我木然地站在桌前,望着他渐渐远去的身影。

走到走廊的末端,他停下脚步,回头,举起手向我挥动。

"再见了,桃莉。"然后他便消失在尽头的转弯处。

再见,布莱恩。

桃莉老师疗愈成长之旅·系列
（精选十一本精彩呈现）

桃莉·海顿——美国教育界盛誉为"爱的奇迹天使"

她凭借爱、好奇和永不放弃，以心的能量打开封闭受伤的童心

每段改变和成长源自真实案例

30多种文字，1200万册风行全球，撼动世界亿万父母老师的心灵！

妙妈悦读会 木朵爸爸 儿童技能教养法中国推广第一人李红燕
父亲参与促进中心总干事温志刚 知心妈妈彭霞 **联合推荐**

荣获台湾"好书大家读奖"和中小学生推荐读物 美国图书协会强力推荐

《围墙上的薇纳斯》

一本让你眼角有泪嘴角上扬的书，消除亲子压力，舒缓家庭情绪。

桃莉老师的新班开课了，一个个在传统班级不能适应的孩子来到这里……

孩子们形形色色的各类问题及老师间不同教育理念的冲撞，让桃莉老师焦头烂额。从一开始的互骂斗殴，到学会互相理解甚至保护同伴；从憎恶这个特殊班级，到哭着写下爱的留言"不想离开"。

《午后阳光里的孩子》

一个不会讲话的空洞男孩——布，
一个分不出O和L的活泼女孩——萝莉，
一个被逐出校园的暴力男孩——汤玛索，
一个怀孕的12岁乖巧少女——克劳蒂亚，
在午后的阳光里，
拖着疲惫的心灵陆续来到桃莉老师的教室……
一种无形的信任和暖流在不大的教室里荡漾开来……缓慢的蜕变，悄然的重生……

《重新来过》

利德布洛克,问题重重的她成了桃李老师班上第 7 个"孩子"。不同的是,她是个 33 岁的漂亮妈妈。童年创伤、酗酒成性、自闭症孩子、婚姻破裂……她走投无路,游戏生活,甚至不惜扭曲自己。直到遇见桃莉老师,紧闭的心扉开始慢慢打开……

《玛拉的向日葵森林》

玛拉有着艰辛而不堪回首的往事,她是当年纳粹喜欢的雅利安人,在少女时期就开始遭受强暴和折磨,生下了第一个男孩克劳斯。而当克劳斯被纳粹夺走后,她就深陷失子之痛,直到四十年过去,竟然把一个叫托比的小男孩当成克劳斯,以至于最终走上不归路……

《她只是个孩子》

《总想逃跑的席拉》前传。

席拉,6 岁。在她短短的岁月中,被遗弃、被鞭打、被忽略、被排斥、被推出车外、被叔叔性侵、被无数次抛弃至人们的生活之外……这个绑架并烧伤了 3 岁男孩的小女孩破坏力十足、难调难服,却具有极高的智商,堪称天才。只有桃莉老师,毫无批判地真心关爱她、理解她、陪伴她,并让这个头发乱糟糟、衣服臭气熏天的女孩如金子一般发出闪耀的光芒。

《总想逃跑的席拉》

6岁就成为绑架案主角的问题少女席拉走进了桃莉·海顿的特教班,她得到了家庭不可能给予她的温暖和关怀。但这一切在特教班课程结束时又回到原点。

七年后与席拉再次相遇,桃莉发现她的心结仍未解开,她一直无法走出被亲生母亲遗弃的阴影,甚至因为桃莉在课程结束时同样离自己而去而将她和遗弃自己的母亲混为一谈,长久地怨恨着她……

《微光中的孩子》

9岁的卡珊德拉有着神话般的名字和面孔,却满嘴谎话,酷爱暴力,挑衅老师,想要自杀……4岁的金发小男孩德雷克活泼迷人,却只跟她的妈妈说过话,此外再也无法发声……

微光中的孩子,心事诉给谁人听……

《猫头鹰男孩》

大卫偶然间捡到一颗猫头鹰的蛋,他和同班的天才女孩梅比一起孵育它。蛋壳破了,小猫头鹰探出头来,大卫第一次有了属于自己的东西!直到有一天,小猫头鹰生病了,最后死在大卫的家里……

因为它的存在,大卫改变了,他终于知道生活里有的不只是痛苦,同时还会伴随着欣喜和希望……

《月球上有三棵树》

抱着猫玩具的自闭症男孩康纳,
与他富有天才想象力的母亲萝拉。
两条线索交叉铺叙,游离于真实与虚幻之间。
是天生自闭?还是精神创伤?
惊人的秘密一点一点浮出水面……

《沉默的洁蒂》

8岁的女孩洁蒂不说话、不哭、不笑,驼着背缓缓走路,行为怪异,并且深信自己是一个鬼魂。只有在面对桃莉时,她直立起来,对桃莉慢慢敞开心扉,讲出恐怖而毛骨悚然的故事。她对奇怪符号的专注和扭曲的性行为似乎指向了一个连桃莉也不愿意承认的推断。她是否遭遇宗教仪式性侵害?还是骇人听闻的性虐待?又或者她有严重的精神错乱问题?桃莉竭尽全力想要解开这个谜团去拯救洁蒂……

《笼中男孩》

15岁的凯文从不说话,他总是躲在桌子底下一声不吭。桃莉帮助他重新开始说话,教他摆脱恐惧,但他儿时所遭受的继父虐待、母亲抛弃的严重心理创伤时时刻刻占据和啃噬着他的内心,让他心怀强烈的复仇愿望,想杀了他的继父。治疗并不顺利,连桃莉也束手无策。但在桃莉不离不弃的陪伴和努力之下,他最终终于走出了阴影,焕然新生。